Δ 14593

CATALOGUE
DE LIVRES,

LA PLUPART SUR LES BEAUX-ARTS ET SUR LA LITTÉRATURE
ITALIENNE,

PROVENANS DE LA BIBLIOTHÈQUE

DE FEU M. MOREL DARLEUX,

CONSERVATEUR DES DESSINS ET DE LA CALCOGRAPHIE DU MUSÉE ROYAL;

ET

NOTICE

D'ANTIQUITÉS ENVOYÉES D'ATHÈNES,

Par M. le Chevalier FAUVEL,

CONSUL DE FRANCE AU LEVANT;

QUI SERONT VENDUS AU DOMICILE DE M. MOREL DARLEUX,
rue Bertin-Poirée, n°. 10;

Les Livres, du Mardi 29 Janvier au Jeudi 7 Février,
6 heures de relevée, et les Antiquités, le Vendredi
8 Février, heure de midi.

Les adjudications auront lieu par le ministère de M^e. BERTON, commissaire-priseur, rue Hauteville, n°. 4 bis.

A PARIS,

CHEZ { J.-S. MERLIN, LIBRAIRE, quai des Augustins, n°. 7;
L.-J.-J. DUBOIS, rue de Savoie-Saint-André-des-Arcs, n°. 4.

1828.

AVIS.

Chaque jour de la vente des livres, il y aura, de midi à deux heures, exposition de ceux qui devront être vendus le soir. Les adjudicataires sont invités à collationner sur place, dans les 24 heures de leurs adjudications, parce que, ce délai passé, ou les livres une fois sortis de la salle, on ne sera admis à aucun rapport pour quelque cause que ce soit.

Les articles de 12 francs et au-dessous ne seront repris pour aucune cause, à moins qu'ils ne soient incomplets.

Les objets d'antiquités seront exposés le dimanche, 1^r. février, de midi à 4 heures, et vendus le 8 février, à midi.

Le Catalogue des livres imprimés et manuscrits de la riche bibliothèque de feu M. Duriez, de Lille, vol. in-8°. de plus 500 pages, se distribue chez MERLIN, libraire, quai des Augustins, n°. 7.

La vente de ces livres commencera le 22 de ce mois, rue des Bons-Enfans, n°. 30, et se continuera chaque soir jusqu'au 1er. avril prochain.

IMPRIMERIE
DE MADAME HUZARD (NÉE VALLAT LA CHAPELLE),
rue de l'Éperon, n°. 7. (Janvier 1828.)

CATALOGUE

DE LIVRES

PROVENANT DE LA BIBLIOTHÈQUE

DE FEU M. MOREL D'ARLEUX.

THÉOLOGIE. — JURISPRUDENCE.

1. Biblia sacra vulgatæ editionis, Sixti V et Clementis VIII jussu recognita. *Lugduni*, 1733, in-8, bas. m.— Biblia sacra, sive Testamentum Vetus ab Im. Tremellio et Fr. Junio ex hebræo latine redditum, et Testamentum Novum à Theod. Bezâ e gr. in latinum versum. *Amstel.*, 1632, pet. in-12, parch.
2. La Sainte-Bible, trad. en franç. sur la Vulgate par Le Maistre de Saci. *Paris*, 1711, pet. in-12, 8 vol., v. br.
3. Il libro di Giobbe recato dal testo ebreo in versi ital. da Giacinto Cerutti. *Torino, st. r.*, 1759, in-8, br. en cart. — Proverbes de Salomon, trad. en vers italiens par Ét.-Eg. Petroni, avec les notes du même, la trad. franç. de Saci et le texte de la Vulgate. *Paris*, 1812, in-8, br.
4. Epistole et Evangelj, secondo l'uso della S. Romana Chiesa et ordine del messale riformato, trad. in lingua toscana da Remigio. *Venetia*, 1614, in-4, fig., v. br.
5. Figure de la Biblia illustrate de stanze tuscane, per Gabr. Simeoni. *Lione, G. Rovillio*, 1577, in-8, v. br. — Icones historiæ Veteris et Novi Testamenti carminibus latinis et gallicis illustratæ. *Genevæ*, 1681, in-8, v. br.
6. Vitæ, passionis et mortis J.-C. D. N. Mysteria, piis meditationibus et aspirationibus exposita per Joa. Bourghesium è S.-J., figuris æneis expressa per Boetium à Bolswert. *Antuerpiæ*, 1622, pet. in-8, v. m.
7. Heures latines, avec calendrier en franç. Pet. in-8, v. br., tr. dor. et ciselée.

Ms. sur vélin, du xve. siècle, avec 12 grandes miniatures et initiales en or et en couleur.

1

8. Cæremoniale Episcoporum. *Romæ, L. Fatius*, 1606, in-4, fig., parch.
9. Vocabularium, seu Lexicon ecclesiasticum latino-hispanicum, autore Rud.-Ferd. de Santa Ella, deinde a Didaco Ximenez castigatum, postea à Jos. Marquez et Martino David auctum, nunc à Joa. De Lama Cubero additum. *Matriti*, 1770, in-fol., parch.
10. Les Saluts du matin et du soir, improvisés par Fr. Gianni, trad. en franç. par H. Domenjoud. *Paris*, 1813, in-8, pap. vél., rel. en cart.
11. Dell' Imitatione di Christo libri IV di Tomaso de Kempis (trad. nella lingua ital.). *Roma*, 1706, in-24, parch. — Oracolo della renovatione della Chiesa, seconda la dottrina di H. Savonarolo. *Vinetia*, 1553, pet. in-8, parch.
12. De la Vérité de la religion chrestienne, par Phil. de Mornay. *Paris*, 1583, in-8, v. j.
13. Joa. Dallæi de imaginibus libri IV. *Lugd.-Bat.*, ex offic. elzevir., 1642, pet. in-8, v. br.
14. La Jurisprudence des Novelles de Justinien, conférée avec les ordonnances royaux, les coutumes de France et les décisions des Cours souveraines, par Cl. de Ferrière. *Paris*, 1688, in-4, 2 vol., v. br.
15. Les Lois civiles dans leur ordre naturel, le droit public et legum delectus, par Domat. *Paris*, 1723, in-fol., v. br.
16. Ordonnances de Louis XIV, commentées par Jousse 1°. Ordonnance civile de 1667, 2 vol.; 2°. Ordonnance criminelle de 1670, 1 vol.; 3°. Ordonnance du commerce de 1673, 1 vol.; Edit de 1695, concernant la juridiction ecclésiastique, 2 vol.; les 6 vol. in-12, v. m. — Ordonn. de la marine de 1689. *Paris*, 1734, in-12, v. m.
17. Recueil des édits, déclarations, arrests et réglemens concernant les arts et métiers de Paris et autres villes du royaume. *Paris*, 1701, in-8, v. br.
18. Coutumes du Boulonnois, conférées avec les coutumes de Paris, d'Amiens..., par B.-L. Le Camus d'Houlouve. *Paris*, 1777, in-4, 2 vol., v. m.
19. Les Œuvres de René Chopin. *Paris*, 1635, in-fol., 3 vol., v. br.
20. Œuvres de Coquille. *Paris*, 1666, in-fol. 2 vol., v. br.
21. Œuvres de Barth. Auzanet. *Paris*, 1708, in-fol., v. br.

22. Traité des successions, par D. Lebrun. *Paris*, 1774, in-fol., v. br.
23. Constitutions des principaux États de l'Europe et des États-Unis de l'Amérique, par De la Croix. *Paris*, 1791 à 1802, in-8, 6 vol., br.

SCIENCES ET ARTS.

I. Philosophie, Morale, Éducation, Métaphysique, Politique.

24. Marsilio Ficino sopra lo amore o ver' convito di Platone. *Firenza*, 1544, pet. in-8, v. m. — Cebete thebano, ridotto di greco in volgare. *Venetia, Fr. Marcolini da Furli*, 1538, pet. in-8, non rel. — Discorsi morali di Agost. Mascardi su la tavola di Cebete. *Venetia*, 1674, in-12, parch.
25. Di Marco Tullio Cicerone de gli Uffici, della Amicitia, della Vecchiezza, le Paradosse, tradotte per un nobile vinitiano. *Vinegia, Bernardino di Vitale*, 1528, pet. in-4, v. éc., fil.
26. Boezio Severino della Consolazione della filosofia, trad. di lingua latina in volgare fiorentino da Bened. Varchi. *Venezia*, 1737, in-8, v. m.
27. Opera di M. Franc. Petrarca de rimedi de l'una et de l'altra fortuna, trad. per Remigio Fiorentino. *Vinetia*, 1549, pet. in-8, v. f., fil.
28. Dialogo delle tre vite riputate migliori, delitiosa, ambitiosa, studiosa, del Cav. Pompeo Caimo. *Padova*, 1640, pet. in-4, vél.
29. Le notti Romane del C. Aless. Verri. *Parigi*, 1820, in-12, 2 vol., br. — Novelle morali di Fr. Albergati Capacelli e di G.-Fr. Altanesi. *Parigi*, 1804, in-12, 2 vol., br. — Scelta delle novelle morali di F. Soave, fatta da Boccoli. *Parigi*, 1801, in-12, br.
30. Istoria critica della vita civile, scritta da Vinc. Martinelli. *Napoli*, 1764, in-8, 2 vol., bas. éc. — Lettere familiari e critiche del medesimo. *Londra*, 1758, in-8, v. éc., fil.
31. L'Amico de' fanciulli, o sia, il morale instruttore della gioventù, accresciuto dal francese da G.-B. Buccarelli. *Londra*, 1788, in-8, 4 vol., br. en cart.

32. Les Passions de l'âme, par R. Descartes. *Paris*, 1650, in-12, v. f., fil.
33. De l'Esprit (par Helvétius). *Paris*, 1758, in-4, v. m. (avec l'arrêt de condamnation).
34. Recherche philosophique sur l'origine de nos idées du sublime et du beau, par Edm. Burke, trad. de l'angl. par E. Lagentie de Lavaïsse. *Paris*, 1803, in-8, br.
35. OEuvres philosophiques de F. Hemsterhuis (publiées par Jansen). *Paris*, 1809, in-8, 2 vol., br.
36. Del governo de' regni sotto morali essempi di animali ragionanti tra loro, tratti prima di lingua indiana in agarena da Lelo Demno saraceno et poi dall'agarena nella greca da Simeone Setto et hora tradotti di greco in italiano. *Ferrara*, 1583, pet. in-8, v. éc., fil.
37. Dell' educazione democratica da darsi al popolo italiano di Gir. Bocalosi. *Milano*, an. 1, in-8, d.-rel.
38. Il libro del cortegiano del C. Baltassar Castiglione. *Venetia*, 1544, pet. in-8, v. m., fil.
39. Il medesimo. *Vinegia*, 1587, pet. in-12, vél., fil., tr. dor.
40. Il letterato buon cittadino, discorso filosofico e politico del principe D. L. Gonzaga di Castiglione, colle note dell' ab. L. Godard. *Roma*, 1776, in-4, pap. de Holl., br. rogné.

II. PHYSIQUE, MATHÉMATIQUES..., OPTIQUE, PERSPECTIVE.

41. De naturâ lucis, authore Ismaele Bullialdo. *Parisiis*, 1638, petit in-8, parch. — Dialoghi sopra la luce, i colori e l'attrazione del C.-Fr. Algarotti. *Berlino*, 1750, in-8, br. en carton.
42. Nouvelles observations et conjectures sur l'iris, par De la Chambre. *Paris*, 1662, in-4, fig., bas. m.
43. La Fisonomia con ragionamenti o lo specchio per vedere le passioni di ciascheduno da C. de la Belliere. *Parigi*, 1664, in-12, v. j. — Della fisionomia dell' huomo, di Giov. Batt. della Porta libri VI, trad. dal latino e dallo stesso autore accresciuti di figure. Aggiuntovi la fisionomia naturale di Giov. Ingegnieri, Polemone e la celeste dello stesso Porta, et il discorso di Livio Agrippa sopra la natura e complessione humana et il discorso

de' nei di Lodov. Settali. *Venetia*, 1644, pet. in-4, fig., v. f., fil.

44. La Métoposcopie de H. Cardan; plus le Traité des marques naturelles du corps, par Melampus, auteur grec, le tout trad. en franc. par De Laurendière. *Paris*, 1658, in-fol., fig., v. br.

45. Opera mathematica, ou OEuvres mathémactiques traictans de géométrie, perspective, architecture, fortification, par Sam. Marolois, ausquels sont adjoints les fondemens de la perspective et architecture de J. Vredm Vriese... *Hagæ-Comitis*, *Hondius*, 1614, in-fol. obl., fig., v. br.

46. Cl.-Fr. Milliet de Chales, S. J., Cursus seu mundus mathematicus, editio altera, aucta et emendata opera et studio Amati Varcin. *Lugduni*, 1690, in-fol., 4 vol., v. br.

47. Pratique de la géométrie sur le papier et sur le terrain, par Séb. Leclerc. *Paris*, 1716, in-12, fig., v. br.

48. Examen du livre des récréations mathématiques et de ses problèmes en géométrie, méchanique, optique et catoptrique, par Cl. Mydorge. *Paris*, 1639, 2 part. en 1 vol., pet. in-8, fig., parch.

49. Di Herone aless. de gli automati overo machine se moventi libri due trad. dal greco da Bern. Baldi. *Venetia*, 1601, pet. in-4, fig., vél.

50. La manière universelle de Desargues pour poser l'essieu et placer les heures et autres choses aux cadrans au soleil, par A. Bosse. *Paris*, 1643, in-8, fig., v. br.— Traité d'horlogiographie, par D. Pierre de Sainte-Marie-Magdelaine d'Abbeville. *Lyon*, 1691, pet. in-8, fig., v. br.

51. Recueil d'ouvrages curieux de mathématique et de mécanique, ou Description du cabinet de Grollier de Servière, par Grollier de Servière, son petit-fils. *Paris*, 1719, in-4, fig., v. br.
Exempl. de Brossette, avec sa signature.

52. De coloribus oculorum Simonis Portii. *Florentiæ*, *Torrentinus*, 1554. = De coloribus libellus a Sim. Portio latinitate donatus et commentariis illustratus. *Ibid.*, 1548, pet. in-4, v. m.

53. Degli occhiali da naso, inventati da Salvino Armati,

trattato istorico di Dom.-M. Manni. *Firenze*, 1738, in-4, rel. en cart.

54. Euclidis optica et catoptrica è græco versa per Joa. Penam. *Parisiis*, 1604, in-4, parch. — La prospettiva di Euclide tradotta dal P. Egnatio Danti, con alcune sue annotationi. Insieme con la prospettiva di Eliodoro Larisseo, trad. dal medesimo (e lo stesso Eliodoro gr. e lat.) *Fiorenza, Giunti*, 1573, pet. in-4, parch.

55. Damiani philos., Heliodori Larissæi de opticis libri II; Hypsiclis anaphoricus sive de ascensionibus, gr. et lat. *Parisiis*, 1657, in-4, parch.

56. Theses opticæ et astronomicæ. Has propugnabunt Thioly et Taillandier.*Lugduni*, 1693, in-fol., fig., d.-rel.

57. Franc. Aguilonii, e Soc. J., Opticorum libri sex. *Antuerpiæ*, 1613, in-fol., fig., v. f.

58. Syntagma in quo varia eximiaque corporum diagrammata ex præscripto opticæ exhibentur. *Amstel.*, 1618, in-4, fig., v. f.

59. Joa. Georgii Büsch tractatus duo optici argumenti. *Hamburgi*, 1783, pet. in-8, fig., br.

60. Optique de portraiture et peinture, par Grég. Huret. *Paris*, 1672. = La regle precise pour descrire le profil eslevé du fust des colonnes.... demonstrée géométriquement, descouverte par Grég. Huret. *Paris*, 1665, gr. in-fol., fig., br. en cart. (*Portion de la table, ms.*)

61. El museo pictorico y escala optica (theorica y practica de la pintura), por D. Ant. Palomino de Castro y Velasco. *Madrid*, 1715 y 1724, in-fol., fig., 2 vol. parch. — El parnaso espanol pintoresco (tomo III, vidas de los pintores). *Madrid*, 1724, in-fol., parch.

62. Traité d'optique par Newton, trad. par Coste. *Paris*, 1722, in-4, fig., v. br. — Chroa-Génésie, ou Génération des couleurs contre le système de Newton, par Gautier. *Paris*, 1750 et 1751, in-12, fig., 2 vol., v. br.

63. La vision parfaite, ou le Concours des deux axes de la vision en un seul point de l'objet, par le P. Chérubin d'Orléans. *Paris*, 1677, in-fol., fig., v. br.

64. Discours touchant le point de vue, par Séb. Le Clerc. *Paris*, 1679, pet. in-8, fig., v. br. — Système de la vision, fondé sur de nouveaux principes, par Séb. Le Clerc. *Paris*, 1712, in-8, fig., v. m.

65. L'Optique des couleurs, par le P. Castel. *Paris*, 1740,

in-12, v. br. — Observations sur les ombres colorées, contenant une suite d'expériences sur les différentes couleurs des ombres, par H. F. T. *Paris*, 1782, in-12, v. br.

66. La prospettiva di Euclide, trad. da Egnatio Danti, con la prospettiva di Eliodoro Larisseo, trad. dal medesimo. *Fiorenza, Giunti*, 1573, in-4, vél. — La perspective d'Euclide, trad. en franç., et démonstrée par Rol. Fréart de Chantelou, sieur de Chambray. *Au Mans*, 1663, in-4, v. br.

67. La perspective positive de Viator, latine et française, trad. par Est. Martelange, revue et réduite de grand en petit par Mathurin Jousse. *La Flèche*, 1735, in-8, fig., d.-rel.

68. Guidi Ubaldi e Marchionibus Montis perspectivæ libri VI. *Pisauri*, 1600, pet. in-fol., fig., d.-rel.

69. Perspectiva pictorum et architectorum Andreæ Putei è Soc. J. *Romæ*, 1717 et 1723, gr. in-fol., fig., 2 vol., vél.

70. Le due regole della prospettiva pratica di Jac. Barozzi da Vignola, con i commentarii del P. Egnatio Danti. *Roma*, 1533, in-fol., fig., mar. r., fil.

71. I tre libri della perspettiva commune di Gioanni arcivesc. cantuariense tradotti nella lingua italiana con annotationi da G.-P. Galucci Salodiano. *Venetia*, 1593, fig. = Joannis archiepisc. cantuariensis perspectivæ communis libri tres. *Coloniæ*, 1627, fig., pet. in-4, vél. (*Taché*).

72. Lo inganno de gl' occhi, prospettiva pratica di P. Accolti. *Firenze*, 1625, pet. in-fol., fig., v. br.

73. Direzioni della prospettiva teorica corrispondenti a quelle dell' architettura, raccolte da Ferd. Galli Bibiena. *Bologna*, 1783, in-12, fig., 2 vol., br. en cart.

74. Livre de perspective, de Jehan Cousin. *Paris, J. Le Royer*, 1560. Gr. in-fol., fig. en bois, parch. — La Perspective, avec la raison des ombres et miroirs, par Salomon de Caus. *Londres*, 1612, in-fol., fig., rel. en cart.

75. Leçons de perspective positive, par Jacq. Androuet du Cerceau. *Paris*, 1576, pet. in-fol., fig., v. éc., fil.

76. Perspective de J. Vredem Vriese, augmentée et cor-

rigée par Sam. Marolois. *Arnhem*, 1615, in-fol. obl., fig., 2 part. en 1 vol., parch.

77. Institutio artis perspectivæ auctore H. Hondio (belgicè). *Hagæ-Comitum*, 1622, pet. in-fol., fig., rel. en cart.

78. Perspective cylindrique et conique, par de Vaulezard. *Paris*, 1630, pet. in-8, fig., d.-rel. — Abrégé, ou Raccourcy de la perspective par l'imitation..., par de Vaulezard. *Paris*, 1631, pet. in-8, fig., parch.

79. La Perspective pratique, par un religieux de la Compagnie de Jésus (Dubreuil). *Paris*, 1642, in-4, fig., 3 tom. en 2 vol., parch.

80. La Perspective pratique, par un religieux de la Compagnie de Jésus (Dubreuil). *Paris*, 1650 et 1649, pet. in-4, fig., 3 vol., v. br., et v. f., fil.

81. La Perspective spéculative et pratique par le moyen de la ligne horizontale, de l'invention du S. Aleaume, mise au jour par Est. Mignon. *Paris*, 1643, pet. in-fol., fig., v. f., fil., tr. dor. — Invention nouvelle et brieve pour réduire en perspective, par le moyen du quarré, toutes sortes de plans et corps..., par R. G. (Gaultier). *La Flèche*, 1648, pet. in-fol., fig., vél.

82. Examen des œuvres de Desargues, par J. Curabelle. *Paris*, 1644, pet. in-fol., fig., rel. en cart.

83. Manière universelle de M. Desargues pour la pratique de la perspective par petit-pied, par A. Bosse. *Paris*, 1648, pet. in-8, fig., v. br. — Moyen universel de pratiquer la perspective sur les tableaux où surfaces irrégulières...., par le même. *Paris*, 1653, in-8, fig., v. m. — Traité des pratiques géométrales et perspectives enseignées dans l'Académie royale, de la peinture et sculpture, par le même. *Paris*, 1665, gr. in-fol., fig., br.

84. La Perspective affranchie, avec la théorie familière, par le F. P. Charles Bourgoing. *Paris*, 1651, pet. in-fol., fig., et texte gravé, d.-rel.

85. La Perspective curieuse du P. Niceron, avec l'optique et la catoptrique du P. Mersenne. *Paris*, 1663, in-fol., fig., v. br.

86. Traité de perspective, par le P. Bern. Lamy. *Paris*, 1701, in-8, fig., v. br. — Essai de perspective, par G. T. s'Gravesande. *Lahaye*, 1711, in-12, fig., v. br.

87. La Perspective practique de l'architecture, par Louis Bretez. *Paris*, 1706, in-fol., fig., v. br.

88. Traité de perspective pratique, avec des remarques sur l'architecture..., par Courtonne. *Paris*, 1725, in-fol., v. br.
89. Elementi di perspettiva secondo li principii di Brook Taylor, con varie aggiunte del P.-Fr. Jacquier. *Roma*, 1755, in-8, fig., v. éc., fil. — Nouveaux principes de la perspective linéaire, traduction de deux ouvrages, l'un anglais, de Brook Taylor, et l'autre latin, de Patrice Murdoch (par le P. Rivoire, jés.) *Amst.*, 1757, in-8, fig., br.
90. Traité de perspective à l'usage des artistes, par E.-Séb. Jeaurat. *Paris*, 1750, in-4, fig., v. m.
91. Traité de perspective théorique et pratique, par Deidier. *Paris*, 1770, in-4, fig., bas. m.
92. La Perspective théorique et pratique, par Ozanam. *Paris*, 1769, in-8, fig., bas. m. — La Perspective affranchie de l'embarras du plan géométral, par J.-H. Lambert. *Zuric*, 1759, in-8, fig., br. en cart.
93. Raisonnement sur la perspective (par Gaultier), en ital. et en franç. *Parme*, 1758, gr. in-4, fig., br., rogné.
94. Le Dessin ou Perspective militaire, par le P. P. Bourdin. *Paris*, 1755, fig. = L'Architecture militaire, par le même. *Ibid.*, 1755, fig., pet. in-8, parch.
95. Essai sur la perspective pratique par le moyen du calcul, par Cl. Roy. *Paris*, 1756, in-8, fig., br. — Traité de perspective linéaire, par Michel. *Paris*, 1771, in-8, fig., br. (33 *pages*). — La Perspective aérienne soumise à des principes puisés dans la nature, ou Nouveau Traité de clair-obscur et de chromatique, par de Saint-Morien. *Paris*, 1788, in-8, fig., br.
96. Moyens pour accourcir les opérations de la perspective, par Lahure. *Paris*, 1790, in-4, fig., br.

III. BEAUX-ARTS.

§ 1. *Introduction à l'étude des Beaux-Arts. — Traités généraux.*

97. Le Spectacle des beaux-arts, ou Considérations touchant leur nature, leurs objets..., par Lacombe. *Paris*, 1758, in-12, v. m. — Les Beaux-Arts réduits à un même principe (par Batteux). *Paris*, 1746, pet. in-8, v. m.
98. Essai sur le beau, par le P. André, avec un discours

préliminaire et des réflexions sur le goût, par Formey. *Amst.*, 1759, in-12, v. m.—Observations sur le sentiment du beau et du sublime, par Emman. Kant, trad. de l'all. par Hercule Peyer-Imhoff. *Paris*, an IV, in-8, br. — Idee sull' indole del piacere. *Livorno*, 1773, in-8, br. en cart.

99. Del Bello, Ragionamenti di Leop. Cicognara. *Firenze, Molini*, 1808, in-4, br. en cart.
100. Dell' Entusiasmo delle belle arti. *Milano*, 1769, in-8, v. f. — Della erudizione degli artisti discorso del cav. L. Bossi. *Padova*, 1810, in-8, br. en cart.
101. Riflessioni sopra il buon gusto nelle scienze e nell' arti di Lamindo Pritanio. *Napoli*, 1755, in-12, 2 part. en 1 vol., parch.
102. De l'Art de voir dans les beaux-arts, trad. de l'ital. de Milizia, par de Pommereul. *Paris*, an VI, in-8, br.
103. Analyse de la beauté, trad. de l'angl. de Hogarth (par Jansen). *Paris*, 1805, in-8, fig., 2 vol., br.
104. L'Analisi della bellezza, trad. dell' inglese di Gugl. Hogarth. *Livorno*, 1761, pet. in-8, fig., v. m.
105. De l'Allégorie, ou Traités sur cette matière, par Winckelmann, Addison, Sulzer, etc. (trad. par Jansen). *Paris*, an VII, in-8, 2 vol., bas. rac.
106. Lettere senesi di un socio dell' Accademia di Fossano (il Pad. Gugl. della Valle) sopra le belle arti. *Venezia e Roma*, 1782—86, in-4, fig., 3 vol., mar. r., tr. dor.
107. Memorie per le belle arti. *Roma*, 1785—88, in-4, fig., 4 tom. en 2 vol., rel. en cart.
108. Recueil de pièces intéressantes concernant les antiquités, les beaux-arts, les belles-lettres et la philosophie, trad. de différentes langues (par Jansen). *Paris*, 1787-1796, in-8, 6 vol., br.
109. OEuvres diverses de Cochin, ou Recueil de quelques pièces concernant les arts. *Paris*, 1771, in-12, 3 vol., v. m.
110. OEuvres d'Étienne Falconet, contenant plusieurs écrits relatifs aux beaux-arts. *Lausanne*, 1781, in-8, 6 vol., br.
111. OEuvres diverses concernant les arts, par Falconet. *Paris*, 1787, in-8, 3 vol., br.
112. OEuvres complètes de Josué Reynolds, trad. de l'angl. (par Jansen). *Paris*, 1806, in-8, 2 vol., br.

113. Raccolta di lettere sulla pittura, scultura ed architettura; scritte da' piu celebri professori che in dette arti fiorirono dal secolo XV al XVII. *Roma*, 1754-73, gr. in-8, 7 tom. en 4 vol. d.-rel.

113 *bis*. De pictura, plastice, statuaria libri duo, auctore Jul.-C. Bulengero. *Lugduni*, 1627, in-8, vél.

Avec la signat. de Chambray.

114. Lettre sur la peinture, la sculpture et l'architecture. *Amst.*, 1749, in-12, v. m. — Essai sur la peinture, la sculpture et l'architecture (par Laugier), 1751. = Mémoire sur le Louvre, 1751. = Extrait de l'Essai sur la peinture, etc., par le P. Berthier. = Autre par Bonamy. = Autre, par l'ab. de la Porte. = Autre, par Fréron. = Autre, par l'ab. Raynal. 1751, in-8, v. m.

115. Sentimens sur la distinction des diverses manières de peinture, dessin et gravure, et des originaux d'avec leurs copies... par A. Bosse. *Paris*, 1649, in-8, encadré, fig., v. f.

116. La Théologie des peintres, sculpteurs, graveurs et dessinateurs, par l'ab. Méry. *Paris*, 1765, in-12, v. m. — Observations critiques sur les erreurs des peintres, sculpteurs et dessinateurs, dans la représentation des sujets tirés de l'Histoire Sainte (par Molé). *Paris*, 1771, in-12, 2 vol., mar. r., fil., tr. dor.

116 *bis*. Discorso intorno alle imagini sacre et profane dove si scuoprono varii abusi loro. Raccolto per commissione del card. Paleotti (opera del medesimo). *Bologna*, 1582, pet. in-4, v. f.

117. Orazione di Fr. Mar. Zanotti, in lode della pittura, della scultura e dell'architettura. *Bologna* (1750), pet. in-8, br. en cart. — De la Peinture considérée sur les hommes en général et de son influence sur les mœurs et le gouvernement des peuples, par G.-M. Raymond. *Paris*, an 7, in-8, v. m.

118. Cabinet des singularitez d'architecture, de peinture, sculpture et gravure, par Florent Lecomte. *Paris*, 1699 et 1700, in-12, 3 vol., v. br.

119. Dictionnaire portatif de peinture, sculpture et gravure...., par Ant.-Jos. Pernety. *Paris*, 1757, pet. in-8, fig., v. m. — Dictionnaire abrégé de peinture et d'architecture. *Paris*, 1746, in-12, 2 vol., v. m.

120. Dictionnaire des arts de peinture, sculpture et gravure, par Watelet et Levesque. *Paris*, 1792, in-8, 5 vol., bas. éc., fil.
121. Dictionnaire des monogrammes, chiffres, lettres initiales...., sous lesquels les plus célèbres peintres, graveurs et dessinateurs ont dessiné leurs noms, trad. de l'allem. de Christ. *Paris*, 1750, in-8, fig., v. m.
122. Trattato dell'arte della pittura, scoltura et architettura di Gio.-P. Lomazzo. *Milano*, 1585, in-4, vél.
123. Della architettura, della pittura e della statua di L.-B. Alberti, traduzione di Cosimo Bartoli. *Bologna*, 1782, in-fol., fig., d.-rel., non rogné.
124. Des principes de l'architecture, de la sculpture, de la peinture, et des autres arts qui en dépendent, avec un dictionnaire des termes propres à chacun de ces arts (par Félibien). *Paris*, 1690, in-4, fig., v. br.

§ 2. *Art du Dessin.*

125. Storia delle arti del disegno presso gli antichi di Giov. Winkelmann, trad. del tedesco con note degli editori (i monaci cisterciesi). *Milano*, 1779, in-4, fig., 2 vol., v. m.
125 *bis*. Notizia d'opere di disegno nella prima metà del secolo XVI esistenti in Padova, Cremona, Milano, Pavia, Bergamo, Crema e Venezia, scritta da un anonimo di quel tempo, pubbl. e illustrata da D. Jac. Morelli. *Bassano*, 1800, gr. in-8, br.
126. Considérations sur les arts du dessin en France, par M. Quatremère de Quincy. *Paris*, 1791. = Première et seconde suites à ces considérations, par le même. *Ibid.*, 1791. = Nouv. Constitution des sciences, arts et métiers, avec le projet de décret..., 1792, in-8, br.— Histoire des arts qui ont rapport au dessin, par Monier. *Paris*, 1698, in-12, v. br.
127. Dizionario delle belle arti del disegno, da Fr. Milizia. *Bassano*, 1797, in-8, 2 vol. br.
128. Traicté de la proportion naturelle et artificielle des choses, par Jean-Pol Lomazzo, trad. d'ital. en franç., par Hilaire Pader. *Tolose*, 1649, in-fol., fig., v. br.
129. Di Alberto Durero, della simmetria dei corpi humani, libri IV; trad. della lingua latina nella italiana, da Giov.

P. Gallucci, et accresciuti del quinto libro. *Venetia*, 1591, in-fol., fig., parch.

130. Opera Alberti Dureri (germanicè). *Arnhemii*, 1604 — IV libri de humana proportione, eodem Alb. Durero autore (germanicè). *Ibid.*, 1603, fig., in-fol., parch.

131. Les IV livres d'Albert Durer de la proportion des parties et pourtraicts des corps humains, trad. par L. Meigret, de langue latine en françoise. *Arnhem*, 1604, in-fol., fig., parch.

132. Études d'anatomie, à l'usage des peintres, par Ch. Monnet, gravées par Demarteau, in-fol., br. en cart.

133. Traité élémentaire des règles du dessin, par Bosio. *Paris*, an IX, in-12, fig., br. — Delle arti del disegno discorsi del cav. Giosuè Reynolds trasportati dall' inglese nel toscano idioma. *Firenze*, 1778, pet. in-8, br. en carton. — Dialoghi sopra le tre arti del disegno. *Lucca*, 1754, pet. in-8, br. en carton.

134. De la Composition des paysages sur le terrain, par R. Gérardin. *Paris*, an III, in-8, br. — Essai sur le paysage, ou du Pouvoir des sites sur l'imagination, par Lebrun. *Paris*, 1822, in-8, br.

135. Méthode pour faire une infinité de dessins différens avec des carreaux mi-partis de deux couleurs, par une ligne diagonale, par le P. Domin. Douat. *Paris*, 1722, in-4, fig., v. m.

136. Le Dessinateur pour les fabriques d'étoffes d'or, d'argent et de soie, avec la traduction de six tables raisonnées, tirées de l'abecedario pittorico, par Joubert de l'Hiberderie. *Paris*, 1765, in-8, fig., v. f., fil., tr. dor.

§ 3. *Art de la Peinture.*

137. Du Laocoon, ou des Limites respectives de la poésie et de la peinture, trad. de l'allem. de G.-E. Lessing par M. Ch. Vanderbourg. *Paris*, 1802, in-8, br.

138. Histoire de la peinture ancienne, extraite de l'Histoire naturelle de Pline, avec le texte latin et des remarques. *Londres*, 1725. = Histoire naturelle de l'or et de l'argent, extraite de Pline le naturaliste, avec le texte latin et des remarques, par Dav. Durand. *Londres*, 1729, in-fol., fig., v. m., fil.

139. Saggj sul ristabilimento dell' antica arte de' greci e

de' romani pittori di D. Vinc. Requeno. *Venezia*, 1784, pet. in-8, br.

140. Saggi sul ristabilimento dell' antica arte de' greci e romani pittori del S. abate D. Vincenzo Requeno. *Parma, dalla stamp. reale*, 1787, gr. in-8, fig., 2 vol., br. en cart.

141. Traité de la peinture et de la sculpture, par Richardson, père et fils (trad. de l'angl.). *Amst.*, 1728, in-8, 3 vol., v. m.

142. Traité de peinture, suivi d'un Essai sur la sculpture, par Dandré Bardon. *Paris*, 1765, in-12, 2 tom. en 1 vol., d.-rel. — Histoire universelle, traitée relativement aux arts de peindre et de sculpter, par le même. *Paris*, 1769, in-12, 3 vol., v. m.

143. Sentimens des plus habiles peintres sur la pratique de la peinture et sculpture, mis en tables de préceptes, avec plusieurs discours académiques, par H. Testelin. *Paris*, 1696, gr. in-fol., fig., rel. en cart.

144. Idée de la perfection de la peinture, par Roland Fréart, sieur de Chambray. *Au Mans*, 1662, in-4, v. m.

145. Recherches sur les beautés de la peinture et sur le mérite des plus célèbres peintres..., par Dan. Webb (trad. de l'anglais par M. B***). *Paris*, 1765, pet. in-8, v. m. — Ricerche su le bellezze della pittura e sul merito de' piu celebri pittori antichi e moderni di Dan. Webb, tradotte e comentate dal D.-Fr. Pizzetti. Riflessioni del medesimo Pizzetti su l'arte della pittura. *Parma*, 1804, gr. in-8, 2 vol., br.

146. Lettre à un amateur de la peinture, avec des éclaircissemens historiques sur un cabinet et les auteurs des tableaux qui le composent (par Hagedorn). *Dresde*, 1755, pet. in-8, v. m. — Réflexions sur la peinture, par Hagedorn, trad. de l'allem. par Huber. *Leipsic*, 1755, in-8, 2 vol., bas. f.

147. Essai sur la peinture et sur l'académie de France, par Algarotti, trad. de l'italien par Pingeron. *Paris*, 1769, in-12, br. — Sur la peinture. *Paris*, 1782, in-12, br. — Essais sur la peinture, par Diderot. *Paris*, an IV, in-8, br.

148. Réflexions critiques sur les différentes écoles de peinture, par le marq. d'Argens. *Paris*, 1752, pet. in-8, v. porph., fil. — Risposta alle riflessioni critiche sopra le

differenti scuole di pittura del S. marchese d'Argens. *Lucca*, 1755, in-8, vél.

149. Manière de bien juger des ouvrages de peinture, par l'abbé Laugier. *Paris*, 1771, in-12, v. m. — Réflexions sur la peinture et la gravure..., par C.-F. Joullain. *Metz*, 1786, in-12, br. — Le Peintre amateur et curieux, par G.-P. Mensaert, peintre. *Bruxelles*, 1763, 2 part. en 1 vol.=Dialogues entre la peinture et un écolier.=Discours au public et aux jeunes peintres, pet. in-8, bas. m.—L'Ombre du Grand Colbert, le Louvre et la ville de Paris, dialogue.=Réflexions sur quelques causes de l'état présent de la peinture en France..., 1752, in-12, v. m.

150. Tableaux tirés de l'Iliade, de l'Odyssée d'Homère et de l'Énéide de Virgile, avec des observations générales sur le costume (par de Caylus). *Paris*, 1757, in-8, rel. en cart. — L'Histoire d'Hercule le thébain, tirée des différens auteurs. *Paris*, 1758, in-8, rel. en cart.

151. L'École d'Uranie, ou l'Art de la peinture, trad. du latin d'Alph. Dufresnoy et de l'abbé de Marsy, avec des remarques par M. D. Q. (Meunier de Querlon). *Paris*, 1780, pet. in-8, br.

152. L'Art de peindre, traduction libre en vers français du poëme lat. de Ch.-Alph. Dufresnoy, avec des remarques par Renou. *Paris*, 1789, in-8, br. — La Peinture, poëme, par Le Mierre. *Paris*, s. d., in-8, fig., br.

153. Il riposo di Raffaello Borghini, in cui della pittura e della scultura si favella. *Fiorenza*, 1584, pet. in-8, parch.

154. Il riposo di Raffaello Borghini. *Firenze*, 1730, in-4, parch., non rogné.

154. *bis*. Le finezze de penelli italiani ammirate e studiate da Girupeno sotto la scorta e disciplina del genio di Raffaello d'Urbino; opera di L. Scaramuccia perugino. *Pavia*, 1672, in-4, vél.

155. Idea del tempio della pittura di G.-P. Lomazzo, nella quale egli discorse dell' origine e fondamento delle cose contenute nel suo trattato della pittura. *Milano*, 1590. =Della forma delle muse cavata da gli antichi autori greci et latini, opera di G.-P. Lomazzi. *Milano*, 1591, in-4, v. f.

156. De' veri precetti della pittura di M.-G.-B. Armenin

da Faenza libri III. *Ravenna*, 1586, pet. in-4, parch. — Dialogue sur la peinture de Louis Dolce, intitulé l'Aretin (ital. et franç.). *Florence*, 1735, in-8, parch.

157. Trattato della pittura di Leonardo da Vinci, ridotto alla sua vera lezione sopra una copia a penna di mano di Stef. della Bella... *Firenze*, 1792. == Essai sur les ouvrages physico-mathématiques de Léonard de Vinci, avec des fragmens tirés de ses manuscrits apportés d'Italie, par J.-B. Venturi. *Paris*, 1797, fig., in-4, br. en cart.

<small>A la suite du Traité de Léonard de Vinci, se trouvent 36 pages de la main de M. d'Arleux. Les 2 premières sont une Notice sur une copie du Ms. du Vinci, provenant du cabinet de Huquier, et appartenant, en 1803, à M. Lamy, libraire. Les 28 suivantes sont la copie d'un supplément que contenoit ce Ms., et qui n'existe pas dans l'imprimé ci-joint. Enfin, les 6 dernières sont celle des dessins appartenant à ce supplément.</small>

158. Vol. in-fol. ms. sur papier, d'une écriture italienne du XVIIe siècle, rel. en vél., et contenant le Traité de peinture de Léonard de Vinci, précédé de sa vie, extraite du Vasari, et suivi d'un supplément qui ne se trouve dans aucune des éditions imprimées. (Le tout en italien.)

<small>Ce précieux volume est rempli de dessins, dont les uns, purement linéaires et géométriques, semblent être de la main qui a copié le volume; les autres figures, ombrées au bistre, sont de la main exercée d'un artiste. Un semblable Ms. est cité dans le Catalogue d'Huquier par Jollain; il contenoit quelques passages tronqués ou illisibles que le nôtre peut servir à éclaircir. (Voy. le N^o. précédent.)</small>

159. Traité de la peinture, par Léonard de Vinci. *Paris*, 1716, in-12, fig., v. br. (*Taché*.)

160. Il microcosmo della pittura, overo trattato diviso in due libri; il primo spettante alla theorica, il secondo dimostrante la pratica, di Fr. Scanelli da Forli. *Cesena*, 1657, pet. in-4, v. br.

161. Opere di Ant. Raffaello Mengs, publ. da Gius. Nic. d'Azara. *Bassano*, 1783, gr. in-8, 2 vol., br.

162. La Pittura in Parnaso, opera di G.-M. Ciocchi. *Firenze*, 1725, in-4, vél. — Avvertimenti di Giampietro Cavazzoni Zanotti per lo incamminamento di un giovane alla pittura. *Bologna*, 1756, in-8, br. en cart.

163. Studj di pittura, gia dissegnati da G.-B. Piazzetta, ed ora con l'intaglio di Marco Pitteri, pubblicati a spese di G.-B. Albrizzi. *Venezia*, 1760, in-fol. obl., d.-rel.

164. Dell' arte pittorica libri VIII, coll' aggiunta di componimenti diversi del conte Adamo Chiusole di Roveredo. *Venezia*, 1768, in-8, br. en cart.

165. Le grand livre des peintres, ou l'Art de la pein-

ture, considéré dans toutes ses parties et démontré par principes, par Gérard de Lairesse, trad. du holl. *Paris*, 1787, in-4, fig., 2 vol., br. en cart.

166. Comentarios de la pintura que escribio D. Fel. de Guevara, con un discurso preliminar y algunas notas de D. Ant. Ponz. *Madrid*, 1788, pet. in-8, bas.

167. L'Académie de la peinture, par de la Fontaine. *Paris*, 1679, pet. in-12, v. br.

168. Collection des lettres de Nic. Poussin. *Paris*, 1824, in-8, br.

169. Le Peintre converti aux précises et universelles règles de son art..., par A. Bosse. *Paris*, 1667, gr. in-8, fig., br.

170. De de Piles : Conversations sur la connoissance de la peinture. *Paris*, 1677, in-12, v. br.; — Les Premiers élémens de l'art de la peinture pratique. *Paris*, 1684, in-12, v. br.; — Élémens de peinture pratique. *Paris*, 1766, in-12, br.; — Cours de peinture par principes. *Paris*, 1708, in-12, v. f.; — Recueil de divers ouvrages sur la peinture et le coloris. *Paris*, 1755, in-12, v. m.; — Dissertation sur les ouvrages des plus fameux peintres. *Paris*, s. d. = La Vie de Rubens, in-12, v. br.

171. Traité sur la peinture pour en apprendre la théorie et se perfectionner dans la pratique, par Bernard Dupuy du Grez. *Toulouse* et *Paris*, 1700, in-4, fig., v. br.

172. Le Moyen de devenir peintre en trois heures, et d'exécuter au pinceau les ouvrages des plus grands maîtres sans avoir appris le dessin. *Paris*, 1755, in-12, br. — Traité des principes et des règles de la peinture, par Liotard. *Genève*, 1781, in-8, br.

173. Observations sur quelques grands peintres, avec un précis de leur vie, par Taillasson. *Paris*, 1807, in-8, br.

174. Ragionamenti di G. Vasari sopra le invenzioni da lui dipinte in Firenze nel palazzo di Loro Alt. Ser., insieme con la invenzione della pittura da lui cominciata nella cupola. *Arezzo*, 1762, in-4, br. en cart.

175. Examen analitico del quadro de la Transfiguracion de Rafaël de Urbino, seguido de alcunas observaciones sopre la pintura de los griecos, por Benito Pardo de Figueroa. *Paris*, 1804, in-8, cart. à la Bradel.

176. Del Cenacolo di Leonardo da Vinci, libri IV di Gjus.

Bossi. *Milano, della stamperia reale*, 1810, in-fol., pap. fort, d.-rel.
177. Les Tableaux de M. le comte de Forbin, ou la Mort de Pline l'Ancien et Inès de Castro; par Mme. de Genlis. *Paris, Maradan*, 1817, in-8, fig., br.
178. Saggio pittorico. I. Canoni della pittura. II. Riflessioni sull' arte critico-pittorica. III. Caratteri distintivi delle diverse scuole di pittura..... IV. Esame analitico dei più celebri quadri delle chiese e delle più rinomate pitture a fresco de' palagj di Roma (da Mich.-Ang. Prunetti). *Roma*, 1786, in-12, d.-rel.
179. L'Ecole de la mignature, ou l'Art d'apprendre à peindre sans maître.... *Paris*, 1782, in-12, br. — Traité élémentaire sur l'art de peindre en miniature, et supplément à ce traité, par Violet. *Paris*, 1788, pet. in-12, 2 part. en 1 vol., mar. r., fil., tr. dor.
180. Mémoire sur la peinture à l'encaustique et sur la peinture à la cire, par de Caylus et Majault. *Genève et Paris*, 1755, gr. in-8, fig., bas. — La Cire alliée avec l'huile, ou la Peinture à l'huile-cire, trouvée à Manheim par Charles, baron de Taubenheim, expérimentée et décrite par Jos. Fratrel. *Manheim*, 1770, in-8, v. m.
181. L'Histoire et le secret de la peinture en cire, in-12, v. m. — L'Histoire et le secret de la peinture en cire. = L'Art nouveau de la peinture en fromage ou en ramequin. *Marolles, Paris*, 1755. = Dialogue sur les arts entre un artiste américain et un amateur français. 1756, in-12, v. m. — Traité de la peinture au pastel, par F.-R. de C***. *Paris*, 1788, in-12, br.
182. Essai sur la peinture en mosaïque, par M. Le V.... (Le Viel). *Paris*, 1768, pet. in-8, v. m.
183. L'Art du feu ou de peindre en émail..., par Jacq. Phil. Ferrand. *Paris*, 1721, in-12, v. br. — Traité des couleurs pour la peinture en émail et sur la porcelaine, précédé de l'art de peindre sur l'émail, par D'Arclais de Montamy. *Paris*, 1765, in-12, v. m.
184. L'Art d'imprimer les tableaux, traité d'après J.-C. Leblon. *Paris*, 1768, in-8, fig., br.

§ 4. *Arts de la Gravure et de la Sculpture.*

185. Materie per servire alla storia dell' origine e de' progressi dell' incisione in rame e in legno e sposizione

dell' interessante scoperta d'una stampa originale di Maso Finiguerra, fatta nel gabinetto nazionale di Parigi da P. Zani. *Parma*, 1802, gr. in-8, fig., br.

186. Essai sur l'origine de la gravure en bois et en taille-douce et sur la connaissance des estampes des xve. et xvie. siècles, où il est parlé aussi de l'origine des cartes à jouer et des cartes géographiques, par Jansen. *Paris*, 1808, in-8, fig., 2 vol., br.

187. Idée générale d'une collection complète d'estampes, avec une dissertation sur l'origine de la gravure et sur les premiers livres d'images (par Heinecken). *Leipsic*, 1771, in-8, d.-rel., fig. sur bois.

188. Catalogue critique des meilleures gravures d'après les maîtres les plus célèbres de toutes les écoles, à l'usage des amateurs, par J.-Rud. Füsslin, trad. de l'allem. (première partie, Ecoles de Rome et de Florence), 1805, in-8, br.

189. Manuel des curieux et des amateurs de l'art, contenant une notice des principaux graveurs, et un catalogue raisonné de leurs meilleurs ouvrages, par Huber, Rost et Martini. *Zurich*, 1797-1808, in-8, 9 vol., br. en carton.

190. Manuel de l'amateur d'estampes, par F.-E. Joubert. *Paris*, 1821, in-8, 3 vol., br.

191. Essai sur les nielles, gravures des orfèvres florentins du xve. siècle, par M. Duchesne aîné. *Paris*, 1826, in-8, fig., br.

192. Descrizione della raccolta di stampe del C.-Jac. Durazzo, esposta in una dissertazione sull' arte dell' intaglio a stampa. *Parma*, r. st., 1784, gr. in-4, br. en cart.

193. Histoire de la gravure en bois et des graveurs fameux tant anciens que modernes, qui l'ont pratiquée (par Papillon), in-12, v. éc., fil., tr. dor.

<small>Commencement de l'ouvrage suivant, imprimé en 1736, et qui n'a pas été mis dans le commerce. Il n'a été réimprimé dans les 2 vol. in-8 qu'avec de grandes suppressions.</small>

194. Traité historique et pratique de la gravure en bois, par J.-M. Papillon, et Supplément. *Paris*, 1766, in-8, fig., 2 vol., bas. m.

195. Sculptura, carmen, autore Lud. Doissin. — Sa traduction en franç. *Paris*, 1753, in-12, v. m. — Sculptura,

carmen, autore Ludov. Doissin, et sa traduction. *Paris*, 1757, in-12, bas.

196. Traicté des manières de graver en taille-douce sur l'airain, par le moyen des eaux-fortes et des vernis durs et solides..., par A. Bosse. *Paris*, 1645, in-8, fig., v. br.

197. De la manière de graver à l'eau-forte et au burin, et de la gravure en manière noire, par Abr. Bosse. *Paris*, 1758, in-8, fig., v. m.

198. L'Art de graver au pinceau, par Stapart. *Paris*, 1773, in-12, br.

199. Recherches sur l'art statuaire, considéré chez les anciens et chez les modernes, par M. T.-B. Emeric-David. *Paris*, 1805, in-8, br. — Appendice à l'ouvrage intitulé : Recherches sur l'art statuaire, etc., ou Lettre de M. Giraud à M. Emeric-David. *Paris*, 1805, in-8. — Réponse (par M. Emeric-David), au libelle intitulé : Lettres de M. Giraud. — Appendice..., ou seconde lettre de M. Giraud à M. Emeric-David. *Paris*, 1806, in-8, br.

200. Pomp. Gaurici de sculpturâ liber, Lud. Demontiosii, de veterum sculpturâ, cælaturâ, gemmarum scalpturâ et picturâ libri II, Abr. Gorlæi dactyliotheca. *Antuerpiæ*, 1609, pet. in-4, v. br.

201. Traité des statues, par Franç. Lemée. *Paris*, 1688, in-12, v. br.

202. Estratto dell' opera intitolota il Giove olimpico ossia l'arte della scultura antica del S. Quatremère de Quincy. *Venezia*, 1817, gr. in-8, fig., pap. vél., br.

203. Recueil des figures, groupes, thermes, fontaines, vases et autres ornemens tels qu'ils se voient dans le château et parc de Versailles, gravés d'après les originaux, par S. Thomassin. *Paris*, 1694, in-8, v. f.

§ 5. *Recueils de Gravures.*

204. Vol. in-4, d.-rel., contenant 126 pièces gravées par Et. De la Belle, *savoir* :

Principii del disegno (1649), 25 pièces. — Recueil de 40 griffonnements et épreuves d'eau-forte (1646). — 8 Moyennes marines, dédiées au prince Laurent de Toscane (1645). — Varie figure (1645), 8 pièces. — Les 5 Morts (1648). — La Sainte Famille, avec le petit S. Jean lisant (1649). — La grande et la petite Fuite en Égypte (1649). *La première, ainsi que la Sainte Famille avant le nom du marchand.* — S. Jean dans le désert et puisant de l'eau (1649). — Le groupe des 3 Enfans aux 3 verres, d'après le Guide (1638). — Jacob quittant sa patrie (1645). — Les 2 grands Médaillons des Satires (copie). — Nouvelles inventions de Cartouches (1647), 10 pièces. — Un port (grande pièce). — Tête de jeune garçon, d'après M¹¹ᵉ. Moyre, datée 1661. — Sainte Famille en hauteur : La Sainte Vierge coud, l'enfant Jésus, debout, en robe, semble parler, des anges lui jettent des roses, d'autres lui en présentent. La croix de S. Jean est sur la terre. (*Cette pièce et la précédente ne sont pas citées dans le Catalogue de Jombert.*) — Enfin, 19 petites pièces diverses, dont des animaux, etc.

205. Impostures innocentes, ou Recueil d'estampes d'après divers peintres illustres, tels que Rafael, Le Guide, Carlo Maratti, Le Poussin, Rembrandt, etc., gravées à leur imitation et selon le goût particulier de chacun d'eux, avec un discours sur les préjugés de certains curieux, touchant la gravure, par B. Picart. *Amst.*, 1734, in-fol., v. m.

206. Le Théâtre des peintures de David Teniers, auquel sont représentez les dessins tracés de sa main et gravés en cuivre, par ses soins, sur les originaux italiens du Cabinet de la cour de Brusselles. *Bruxelles*, 1660, in-fol., fig., vél. (244 *pièces*).

207. Antiquissimi Virgiliani codicis Bibliothecæ vaticanæ Picturæ à Petro Sancte Bartoli ære incisæ, accedunt picturæ aliæ veteres, gemmæ et anaglypha quibus celebriora Virgilii loca illustrantur. *Romæ*, 1776, gr. in-4, fig., d.-rel., non rogné.

208. Un vol. pet. in-4, rel. en peau, contenant des pièces gravées par F. Chauveau, pour divers ouvrages, tels que Ovide, Sénèque, Plaute, le roman de Faramond, des pièces de théâtre...; et dix pièces en largeur, pour le Nouveau-Testament (en tout 94 pièces).

209. Variarum imaginum a celeberrimis artificibus picturarum cælaturæ elegantissimis tabulis repræsentatæ. Ipsæ picturæ partim exstant apud viduam senatoris Ger. Reynst, partim Carolo II, Brit. Reg., ab Hollandiæ ordinibus dono missæ sunt. *Amst.*, s. a. (34 pièces). = Signorum veterum icones, per D. Gerardum Reynst collectæ. *Amst., ex offic. Nic. Visscher* (12 pièces cotées A à M, plus 98 numérotées de suite), in-fol., v. br.

Avec une table ms. raisonnée des estampes de ce cabinet, par M. d'Arleux.

210. Joa. Guil. Baurn' Iconographia complectens in se passionem, miracula, vitam Christi universam nec non prospectus rarissimorum portuum, palatiorum, hortorum, historiarum aliarumque rerum quæ per Italiam

spectatu sunt dignæ, æri incisæ à Melch. Kysell. *Augustæ-Vindelicorum*, 1670 (60 pièces non suivies). = Capricci di varie battaglie di G. Gugl. Baur, 1635 (15 petites pièces sur 3 feuilles), in-fol. obl., v. br.

211. Sylvæ sacræ, monumenta sanctioris philosophiæ quam severa anachoretarum disciplina vitæ et religio docuit, Martin de Vos figuravit. *In Roma, da Billii, s. a.*, in-4 obl., rel. en carton (29 pièces).

212. Vita di S. Filippo Neri (45 pièces gravées par Chrét. Sas, d'après Stella et par Lucas Ciambs, à Rome). = J.-C. et les douze Apôtres. (Le premier est signé *Gio.- Batt. Rossi in Navona. Ant. Sal. Exc.*) 13 pièces, in-4, parch.

213. Image de divers hommes d'esprit sublime qui par leur art et science devroient vivre éternellement, et desquels la louange et renommée faict estonner le monde, mis en lumière par J. Meyssens. *Anvers*, 1649, in-4, rel. en cart. (71 pièces).

214. Dessins de patrons de lingerie à petits points gravés en bois, par Fed. de Vinciolo. *Paris*, 1587, pet. in-4, br. rogné.

Titre Ms.

215. Diverses espèces de poissons d'eau douce, par A.-B. Flamen. In-4 obl., v. br. (20 pièces y compris le titre).

216. Une suite de vues prises en Italie, dessinées par Jos. Bracci, et gravées par Ant. Cardon, en Italie. In-fol. obl., d.-rel. (30 pièces en largeur).

217. Recueil des veues de tous les différens bastimens de la mer Méditerranée et de l'Océan, avec leurs noms et usages, par Gueroult du Pas. *Paris, Giffart*, 1710, in-8 obl., v. br.

218. Marine militaire, ou Recueil des différens vaisseaux qui servent à la guerre, par Ozanne l'aîné. *Paris, s. d.*, in-4, fig., br.

§ 6. *Galeries, Musées, Expositions de Salons. — Descriptions de Cabinets et d'autres lieux consacrés à des objets d'arts.*

219. Ragguaglio delle antichita e rarita che si conservano nella Galleria Mediceo-imperiali di Firenze, opera di Gius. Bianchi. *Firenze*, 1759, in-8, rel. en cart. — La

real Galleria di Firenze, accresciuta e riordinata, da L. Lanzi. *Firenze*, 1782, in-12, br. — Description de la galerie royale de Florence, par Franç. Zacchiroli. *Florence*, 1783, in-12, d.-rel.

220. Saggio istorico della real Galleria di Firenze. *Firenze*, 1779, in-8, 2 vol., br. — La Galerie de Florence. *Florence*, 1807, in-8, br.

221. Galerie impériale de Florence, gravée au trait sous la direction de M.-P. Benvenuti, avec les explications de MM. Zannoni, Montalvi et Bargigli. *Florence*, 1812, in-8. (Les 12 prem. livraisons de la 1re série, tableaux d'histoire.)

222. Azioni gloriose de gli uomini illustri fiorentini, espresse co' loro ritratti nelle volte dell' imperiali galleria di Toscana, da Ignazio Orsiui. In-fol. max. obl., v. m., fil.

223. Descrizione delle immagini dipinte da Raffaelle d'Urbino nel Palazzo Vaticano, e nelle Farnesina alla Lungara..., di Gio. P. Bellori : con la vita del medes. Raffaelle da G. Vasari. *Roma*, 1751, pet. in-8, br. — Catalogue indicatif des antiquités composant le Musée Pie-Clémentin au Vatican, par Pasc. Massi, en italien et en français. *Rome*, 1792, pet. in-8, br.

224. Catalogue des tableaux de la Galerie électorale de Dresde. *Dresde*, 1765, pet. in-4, br. — La Galerie électorale de Dusseldorff, ou Catalogue raisonné de ses tableaux, par Nic. de Pigage. *Bruxelles*, 1781, pet. in-8, br.

225. Catalogue des tableaux de la Galerie i. et r. de Vienne, composé par Chrétien de Mechel. *Basle*, 1784, in-8, rel. en carton. — Description des tableaux et des pièces de sculpture de la galerie du prince de Liechtenstein. *Vienne*, 1780, pet. in-8, v. m.

226. La vie de saint Bruno, peinte par E. Lesueur, gravée par Fr. Chauveau, et terminée au burin par Simonneau. *Paris, s. d.*, in-fol., rel. en carton.

227. Catalogue raisonné des tableaux du Roy, avec un abrégé de la vie des peintres, par Lépicié. *Paris, I. R.*, 1752, in-4, 2 vol., v. m., fil.

228. Errores Ulyssis adumbrati à S. Martino, ut in regia Fontis-bellaquæ spectantur, à Nicolao depicti, et in æs

incisi a Theod. Van-Tulden. *Parisiis*, 1634, in-fol., d.-rel.

229. La grande Galerie de Versailles et les deux Salons qui l'accompagnent, peints par Ch. Lebrun, dessinés par J.-B. Massé, et gravés sous ses yeux par les meilleurs maîtres du temps. *Paris*, 1753, pet. in-8, mar. vert, fil., tr. dor.

230. Les Portraits des hommes illustres françois qui sont peints dans la galerie du palais cardinal de Richelieu,... desseignez et gravez par Heince et Bignon, ensemble les abrégés histor. de leurs vies, par de Vulson de la Colombiere. *Paris*, 1655, gr. in-fol., v. br.

231. Catalogue des tableaux du Roi au Luxembourg. *Paris*, 1750. = Lettre sur les tableaux tirés du Cabinet du Roi et exposés au Luxembourg. *Ibid.*, 1751. = Lettre du chev. de Tincourt sur ces tableaux. *Ibid.*, 1751. = Autre Catalogue, augmenté de nouveaux tableaux, 1762. = La grande Galerie de Versailles et les deux Salons qui l'accompagnent, peints par Ch. Lebrun, dessinés par J.-B. Massé, et gravés sous ses yeux, 1753. = L'Apothéose d'Hercule, peinte au plafond du salon de marbre de Versailles, par Fr. Lemoine, in-12, v. m.

232. Manuel du Muséum françois, par Toulongeon. *Paris*, 1802 à 1808, in-8, fig., 10 livraisons, br.

233. Annales du Musée et de l'École moderne des Beaux-Arts, par C.-P. Landon, et Supplément. *Paris*, 1802-1809, 17 vol.; Galerie Giustiniani, 1 vol.; Galerie Massias, 1 vol., Partie ancienne et supplémentaire des Annales, 4 vol.; Paysages et tableaux de genres, 4 vol.; Salons de 1808, 1810, 1812, 1814 et 1817, 9 vol.: ces 36 vol. in-8, fig., cart. à la Bradel. — Salons de 1822 et de 1824, 4 vol., en cahiers.

234. Les Monumens antiques du Musée Napoléon, dessinés et gravés par Th. Piroli, avec une explication par L. Petit-Radel, publiés par les Piranesi frères. *Paris*, 1804-1806, in-4, fig., 4 vol., le 1er. br. en cart., et les 3 autres, v. rac., fil., tr. dor.

235. Description des Antiques du Musée royal, commencée par Visconti, et continuée par M. de Clarac. *Paris*, 1820, in-8, br. en carton.

236. Notice des estampes exposées à la Bibliothèque du Roi (par M. Duchesne aîné). *Paris*, 1823, gr. in-8, br.

237. Vol. in-12, v. m., contenant :

Lettre sur l'Exposition de 1745; = La Peinture, poëme trad. du latin de l'ab. de Marsy. — Observations sur l'Exposition de 1753. — Autre vol. in-12, v. m., contenant : Explication des Peintures, Sculptures, et autres ouvrages de MM. de l'Académie roy. (Exposition de 1746 ; Réflexions sur quelques causes de l'état présent de la peinture en France, 1747; Lettre à l'auteur des Réflexions, etc. — Autre vol. in-12, v. m., contenant : Dialogue sur les arts entre un artiste américain et un amateur français. *Amst.*, 1756; et première Lettre sur l'Exposition des Peintures, Gravures et Sculptures, faite en août 1755. — Lettres sur le Salon, depuis 1767 jusqu'à 1779, par Bachaumont, pet. in-8, v. m. — Description du Salon de 1781 (par Desallier d'Argenville). *Paris*, 1781, in-12, v. m. — Livrets des Expositions faites dans le grand salon, la grande galerie et la galerie d'Apollon, 33 *pièces*. — Livrets des Salons de 1781 à 1824.—Livrets de Tableaux venus de Flandre, de 1793 à 1823. —Critiques des Salons de 1755, 61, 63, 65, 71, 79, 83, au IX et 1804. — Livrets de la galerie du Luxembourg, de 1751, 62, 68, 74, 1803, 16, 18, 20 et 1822.

238. Le Pausanias français; état des arts du dessin en France à l'ouverture du XIXe. siècle, salon de 1806, par un observateur impartial. *Paris*, 1806, gr. in-8, fig., br. en cart.

239. Notice des tableaux exposés dans la galerie du Musée royal. *Paris*, 1819, 1 vol. — Notice des dessins, peintures, émaux et terres cuites émaillées, exposés au Musée royal dans la galerie d'Apollon. *Paris*, 1820, 1 vol. : les 2 vol. in-12, br. en cart.

Entre chacun des feuillets de ces deux volumes sont des feuillets de papier blanc chargés de notes de la main de M. d'Arleux.

240. Liste des principaux objets de sciences et d'arts recueillis en Italie par les commissaires du gouvernement français; extrait des procès-verbaux restés à la commission. *Venise*, an V, in-fol., br.

241. Voyage d'Italie, ou Recueil de notes sur les ouvrages de peinture et de sculpture qu'on voit dans les principales villes d'Italie, par Cochin. *Paris*, 1773, in-12, 3 vol., bas. éc.

242. Instruzione di quanto puo' vedersi di piu bello in Genova, in pittura, scultura ed architettura..., autore Carl. Giuseppe Ratti.—Descrizione delle pitture, scolture e architetture ecc. che trovansi in alcune citta, borghi e castelli delle due riviere dello stato ligure... *Genova*, 1780, pet. in-8, fig., 2 vol., bas. m. — Descrizione delle pitture, scolture ed architetture della citta' di Mantova e delle suoi contorni, da Giov. Cadioli. *Mantova*, 1763, in-8, rel. en cart. — Descrizione storica delle pitture del regio-ducale palazzo, delle fuori della porta di Mantova detta Pusterla. *Mantova*, 1783, in-8,

fig., br. en cart. — Museo della reale accademia di Mantova. *Mantova*, 1790, in-8, fig., br. en cart.
243. Storica dimostrazione della città di Padova. *Padova*, 1767, pet. in-12, fig., br. en cart. — Descrizione delle pitture, scolture ed architetture di Padova; da G.-B. Rossetti. *Padova*, 1780, pet. in-12, br. en cart. — Pitture, scolture, architetture ed altre cose notabili di Padova, da P. Brandolese. *Padova*, 1795, pet. in-8, br. en cart. — Guida per il passeggiere dilettante di pittura, scoltura ed architettura nella citta di Pisa, da Pand. Titi. *Lucca*, 1751, pet. in-12, v. éc., fil. — Il Forestiero erudito, o sieno compendioze notizie spettanti alla citta di Pisa, da G. Cambiagi. *Pisa*, 1773, pet. in-8, d.-rel.
244. Les Monumens de Rome, ou Descriptions des plus beaux ouvrages de peinture, de sculpture et d'architecture qui se voient à Rome et aux environs..., par Raguenet. *Paris*, 1700, in-12, v. br. — Il Mercurio errante delle grandezze di Roma tanto antichi, che moderne, di P. Rossini. *Roma*, 1750, pet. in-12, fig., 2 part. en 1 vol., br. en cart. — Descrizione delle pitture, scolture e architetture esposte al pubblico in Roma, da Fil. Titi. *Roma*, 1763, in-12, v. m.
245. Ædes Barberinæ ad Quirinalem, à com. Hier. Tatio descriptæ. *Romæ*, 1642, in-fol., fig., v. f., fil.
246. Eædem. *Romæ*, 1647, in-fol., fig., v. br.
247. Vol. gr. in-fol., mar. vert, fil., tr. dor, contenant :

<small>La Coupole de l'église Saint-André de la Vallée, à Rome, peinte par Lanfranc, dessinée et gravée par Ch. Cesio, et publ. par J.-Jacq. Rossi. *Rome*, 1680 (1691), 8 pièces (2 exempl. semblables). = La Coupole de l'église cathédrale de Parme, peinte par le Corrège, gravée par J.-B. Vanni, à Florence, en 1642, et publ. par J.-Jacq. Rossi, à Rome, (15 pièces). = Le Jugement universel, peint par Michel Ange Buonarotti, gravé par George Mantouan (10 pièces cotées A à L), et précédé du portrait de Michel Ange, gravé par George Mantouan, ainsi que du tableau général du Jugement, gravé par Séb. Fulcarus. = Les Sibylles et les Prophètes, peints par Michel Ange à la chapelle sixtine au Vatican, et gravés par George Mantouan, en 1540, imprimés par Van Aelst, à Rome, et publ. par J.-Jacq. Rossi (6 pièces en hauteur).</small>

248. Un vol. in-fol., d.-rel., contenant les peintures exécutées à Parme par Ant. Corrège, gravées à Rome par J.-B. Vanni, et publiées par de Rossi; en tout 21 pièces dont 15 grandes.
249. Descrizione delle architetture, pitture e scolture di Vicenza, con alcune osservazioni, da Franç. Vendra-

mini Mosca. *Vicenza*, 1779, pet. in-8, fig., 2 part. en 1 vol., br. en cart.

250. Le Pitture e scolture di Brescia che sono esposte al pubblico, con un' appendice di alcune private gallerie. *Brescia*, 1760, in-8, br. — Le Pitture e le scolture della citta di Cremona, di Gius. Aglio. *Cremona*, 1794, in-8. — Le Pitture e scolture di Modena, indicate e descritte da G.-Fil. Pagani. *Modena*, 1770, pet. in-8, vél.

251. Le Pitture notabili di Bergamo che sono esposte alla vista del pubblico, raccolte da Andrea Pasta con alcuni avvertimenti intorno alla conservazione e alla cura de' quadri. *Bergamo*, 1775, in-4, br. en cart. — Le Pitture di Bologna dell' Ascoso Accad. Gelato. *Bologna*, 1755, pet. in-12, vél. vert. — Pitture, scolture ed architetture delle chiese, luoghi pubblichi, palazzi e case di Bologna e suoi subborghi. *Bologna*, 1782, pet. in-12, parch.

252. Il claustro di S. Michele in bosco di Bologna, dipinto da Lod. Carracci e da altri eccellenti maestri usciti dalla sua scuola, descritto da Car.-Ces. Malvasia e ravvivato all' originale con l'esatto disegno ed intaglio di Giac. Giovannini. *Bologna*, 1694, in-fol., br. en cart. (19 pièces).

<small>On a ajouté une double gravure de la pl. 16, aussi par Giovannini, et avec des différences.</small>

253. Descrizione dei dipinti a buon fresco eseguiti dal C. Andr. Appiani nella sala del trono del real palazzo di Milano, del cav. L. Lamberti, con versione in francese. *Milano, dalla stamp. reale*, 1809, gr. in-8, pap. fort, br. en cart.

254. Storia del Duomo di Orvieto (dal P. Maestro Guglielmo della Valle). *Roma*, 1791, in-4, d.-rel.

255. Le pubbliche pitture di Piacenza da Carlo Carasi, 1780, in-8, br. — Pitture delle chiese di Rimino, da C.-Franç. Marcheselli. *Rimino*, 1754, pet. in-8, br.

256. Descrizione delle pitture del campo santo di Pisa, da G. Rosini. *Pisa*, 1816, in-16, fig., br.

257. Le Minere della pittura, compendiosa informazione di Marco Boschini, non solo delle pitture publiche di Venezia, ma dell' isole ancora circonvicine. *Venetia*, 1664, pet. in-12, fig., v. m. — Descrizione di tutte le pubbli-

che pitture della città' di Venezia e isole circonvicine.... con un compendio delle vite e maniere de' principali pittori. *Venezia*, 1733, pet. in-8, v. éc., fil.

258. Le Peintre amateur et curieux, ou Description des tableaux des plus habiles maîtres, qui font l'ornement des églises.... et cabinets particuliers dans les Pays-Bas autrichiens, par G. P. *Bruxelles*, 1765, in-12, v. m. — Voyage d'Espagne fait en 1755, avec des notes et une table raisonnée des tableaux et autres peintures de Madrid, de l'Escurial, etc.; trad. de l'ital. par de Livoy. *Paris*, 1772, in-12, 2 tom. en 1 vol., d.-rel.

§ 7. *Catalogues d'œuvres particuliers et de cabinets.*

259. Vies et OEuvres des peintres les plus célèbres, par Landon (l'OEuvre de Raphaël, tome 1 à 6, et l'OEuvre du Dominiquin, 3 vol.). *Paris*, 1803 *et années suiv.*, in-4, fig., les 9 vol. cart. à la Bradel.

260. Description de l'OEuvre de M. Le Brun (avec sa vie, par Cl. Nivelon), *s. d.*, in-4, parch.

_{Ms. original du XVIIIe. siècle et signé de l'auteur. Il est sur papier et se compose de 552 pages.}

261. Descrizione de' cartoni disegnati da Carlo Cignani e de' quadri dipinti da Seb. Ricci, posseduti dal S. Gius. Smith. *Venezia*, 1749, in-4, v. m.

262. Catalogue des estampes gravées d'après Rubens, auquel on a joint l'OEuvre de Jordaens et celle de Visscher, par R. Hecquet. *Paris*, 1751, in-12, br. — Catalogue raisonné de toutes les pièces qui forment l'OEuvre de Rembrandt, par Gersaint, mis au jour avec augmentations par Helle et Glomy. *Paris*, 1751, in-12, br.

263. Catalogue raisonné de toutes les estampes qui forment l'OEuvre de Rembrandt et ceux de ses principaux imitateurs, composé par Gersaint, Helle, Glomy et P. Yver, nouv. édition, refondue, corrigée et augmentée par Ad. Bartsch. *Vienne*, 1797, in-8, fig., 2 vol., br.

264. Catalogue raisonné des estampes gravées à l'eau-forte par Guido Reni et de celles de ses disciples, Sim. Cantarini, dit le Pesarese, J.-André et Eliz. Sirani et Laur. Loli, par A. Bartsch. *Vienne*, 1795, pet. in-8, fig., br.

265. Catalogue raisonné de toutes les estampes qui for-

ment l'OEuvre de Lucas de Leyde, par le même. *Vienne*, 1798, pet. in-8, br.
266. Essai d'un catalogue de l'OEuvre d'Etienne De la Belle, par Ch.-Ant. Jombert. *Paris*, 1772; in-8, br. — Catalogue de l'OEuvre de Ch.-Nic. Cochin fils, par le même. *Paris*, 1770, in-8, br.
267. Eloge de Séb. Leclerc, avec le Catalogue de ses ouvrages, par l'abbé de Vallemont. *Paris*, 1715, in-12, v. m.
268. Catalogue raisonné de l'OEuvre de Séb. Leclerc, par Ch.-Ant. Jombert. *Paris*, 1774, in-8, 2 vol., br.
269. Un second exempl., 2 vol., bas. rac.
270. Catalogue de livres, d'estampes et de fig. en taille-douce, avec un dénombrement des pièces qui y sont contenues, fait en 1666, par Mich. de Marolles. *Paris*, 1666, in-8, v. br. (*Les pages 139 à 147 sont manusc.*) — Catalogue des livres d'estampes et de figures en taille-douce, avec un dénombrement des pièces qui y sont contenues, fait en 1672, par de Marolles. *Paris*, 1672. = Noms des peintres les plus célèbres et les plus connus, anciens et modernes. *Paris*, 1679, pet. in-12, v. br.
271. Description sommaire des dessins des grands maîtres d'Italie, des Pays-Bas et de France, du cabinet de Crozat...... par P.-J. Mariette. *Paris*, 1741, in-8, v. m. (*Prix de vente à la main.*)
272. Catalogue raisonné des diverses curiosités du cabinet de Quentin de Lorangere, par E.-F. Gersaint. *Paris*, 1744, in-12, br.
273. Catalogue du cabinet de Neyman, par Fr. Basan. *Paris*, 1776, in-8, fig., br. (*Prix de vente à la main.*)
274. Catalogue raisonné des différens objets de curiosités dans les sciences et arts, qui composoient le cabinet de M. Mariette, par F. Basan. *Paris*, 1775, in-8, fig., br. en cart.
275. Un second exemplaire, v. éc., fil., tr. dor.
276. Catalogue raisonné du cabinet d'estampes de F. Brandes, rédigé et publié par Hubert. *Leipsic*, 1793, in-8, 2 vol., br.
277. Catalogue raisonné des dessins originaux des plus grands maîtres anciens et modernes, qui faisaient par-

tie du cabinet du prince Ch. de Ligne, par Ad. Bartsch. *Vienne*, 1794, in-8, br. en cart.
278. Catalogue raisonné du cabinet de P.-Franç. Basan père, par L.-F. Regnault. *Paris*, an VI, in-8, br. (*Prix de vente à la main.*)
279. Catalogue raisonné du cabinet de Ch. Léoffroy de Saint-Yves, par P.-L. Regnault. *Paris*, 1805, in-8, br. — Catalogue raisonné d'objets d'arts du cabinet de Silvestre, par Regnault de Lalande. *Paris*, 1810, in-8, br. (*Prix de vente au crayon.*)
280. Cabinet de Paignon Dijonval, état détaillé et raisonné des dessins et estampes dont il est composé, rédigé par Bénard. *Paris*, 1810, in-4, br.
281. Catalogue des tableaux, dessins et estampes composant l'une des Collections de M. Léon Dufourny, par De la Roche. *Paris*, 1819, in-4, pap. vél., fig., br.
282. Description des objets d'arts qui composent le cabinet du baron Vivant Denon, *savoir*: Tableaux, dessins et miniatures, par M. A.-N. Pérignon; Estampes et ouvrages à figures, par M. Duchesne aîné; et Monumens antiques, historiques, etc., par M. L.-J.-J. Dubois. *Paris*, 1826, in-8, 3 vol., br.
Le Catal. des tableaux a les prix de vente à la main.
283. Environ 130 catalogues et notices, rel. et br., de tableaux, dessins et estampes, dont les ventes se sont faites depuis le milieu du siècle dernier jusqu'à ce jour.
25 sont avec les prix de vente. Ce N°. pourra être divisé.

A la suite de ce N°. il sera vendu diverses pièces sur les arts.

§ 8. *Architecture.*

284. Dizionario universale d'architettura, et Dizionario Vitruviano ordinati da Bald. Orsini. *Perugia*, 1801, in-8, 2 vol., br. en carton.
285. Diction. d'architecture civile, militaire et navale, et de tous les arts et métiers qui en dépendent, par Roland le Virloys. *Paris*, 1770, gr. in-4, fig., 3 vol., v. m.
286. Lettre sur l'architecture des anciens et celle des modernes, par Viel de Saint-Maux. *Paris*, 1787, in-8, br. — Roma delle arti del disegno (parte Iª., dell' architettura civile). *Bassano*, 1787, in-8, br. en cart.

287. De l'Architecture égyptienne considérée dans son origine, ses principes et son goût, et comparée à l'architecture grecque, par M. Quatremere de Quincy. *Paris*, 1803, in-4, fig., br.
288. Parallèle de l'architecture antique avec la moderne, par Rol. Fréart, s^r. de Chambray. *Paris*, 1650, in-fol., fig., v. br.
289. Essai sur l'architecture, par Laugier. *Paris*, 1755, in-8, br. en carton. — Examen d'un Essai sur l'architecture, avec quelques remarques sur cette science, traitée dans l'esprit des beaux-arts. *Paris*, 1753, in-12, v. m. allem., fil. — Observations sur l'architecture, par Laugier. *Paris*, 1765, in-12, br. — Remarques sur un livre intitulé : Observations sur l'architecture par Laugier (par Guillaumot, architecte). *Paris*, 1768, in-8, fig., br.
290. Les dix livres d'Architecture de Vitruve, corrigez et trad. en franc., avec des notes et des fig., par Perrault. *Paris*, 1684, gr. in-fol., v. br.
291. Il terzo libro di Sabast. Serlio nel qual si figurano e descrivono le antiquita di Roma e le altre che sono in Italia, e fuori d'Italia. = Regole generali di architettura (il quarto libro) di Sab. Serlio, sopra le cinque maniere de gli edifici. *Venetia, Marcolini da Forli*, 1540, in-fol., fig. en bois, parch. — Il primo libro d'Architettura, il secondo libro di Perspettiva di Sabast. Serlio. Le premier livre d'Architecture (géométrie), le second livre de Perspective, de Seb. Serlio, mis en langue françoyse par Jeh. Martin. *Paris, impr. de Jeh. Barbé*, 1545, fig. = Quinto libro d'Architettura di Sab. Serlio, nel quale se tratta de diverse forme de tempii sacri, trad. en franc. par Jan Martin. *Paris, M. Vascosan*, 1547, fig. en bois, in-fol., rel. en peau.
292. IV libri dell' Architettura di Andr. Palladio. *Venezia*, 1570, in-fol., fig., d.-rel., non rogné.
293. Del Teatro olimpico di Andrea Palladio in Vicenza, discorso del conte Giov. Montenari, con lettere due critiche l'una di Giov. Paleni, l'altra dell' autore. *Padova*, 1749, in-8, fig., v. m.
294. Il Vignola illustrato proposto da G.-B. Spampani e C. Antonini. *Roma*, 1770, in-fol., fig., br.
295. I quattro primi libri di Architettura di Pietro Cata-

(32)

neo Senese. *Vinegia, figliuoli di Aldo*, 1554, in-fol., fig., parch.

A la suite du Cataneo se trouvent 8 pièces, vrais chefs-d'œuvre de gravure en bois, représentant des façades, portiques, temples, etc. Ces pièces portent presque toutes pour monogramme les lettres R et W avec une pointe de graveur. La 1re porte en outre le mot *Zurich*.

296. Livre d'architecture de Jacques Androuet du Cerçeau. *Paris*, 1648, in-fol., fig., vél.

297. Le premier tome (ix livres) de l'Architecture de Philibert de Lorme. *Paris*, 1568, in-fol., fig., parch.

298. Les Cinq Ordres d'architecture de Vinc. Scamozzi, tirés du vi^e. livre de son Idée générale d'architecture, par Aug.-Ch. d'Aviler. *Paris*, 1685, in-fol., fig., br.

299. Règle générale d'architecture des cinq manières de colonnes..., par Jehan Bullant. *Paris*, 1568, gr. in-fol., fig., v. br.

300. L'Architecture, contenant la toscane, dorique, etc., faict par H. Hondius, avec quelques belles ordonnances d'architecture mises en perspective par J. Vredman, avec une instruction. *Amst.*, 1628, pet. in-fol., fig., vélin.

301. La Architettura di Gios. Viola Zanini, aggiuntovi il modo di levar il fumo alli camini, da Andr. Minorelli. *Padova*, 1677, in-4, fig., 2 tom. en 1 vol., v. f.

302. Architettura civile demonstrativamente proportionata et accresciuta di nuove regole e col ritrovamento d'un nuovo strumento angolare, opera di Carlo Cesare Osio. *Milano, e Lione*, 1686, in-fol., fig., vél.

303. Traité des manières de dessiner les ordres de l'architecture antique, et toutes leurs parties..., par Abr. Bosse. *Paris*, 1706, gr. in-fol., fig., v. m. — Cours d'architecture, première partie, où sont expliquez les termes, l'origine et les principes d'architecture, et les principes des cinq ordres suivant Vitruve, Vignole, Palladio et Scamozzi, par Fr. Blondel. *Paris*, 1675, in-fol., fig., v. br.

303 bis. Ordonnance des cinq espèces de colonnes selon la méthode des anciens, par Perrault. *Paris*, 1683, in-fol., fig., v. br.

304. Dissertation historique et critique sur les ordres d'architecture, par Frezier. *Paris*, 1769, in-4, fig., br. en carton. (*On a ajouté quelques gravures et quelques dessins d'architecture.*)

304 *bis*. Nouveau Traité de toute l'architecture, par de Cordemoy. *Paris*, 1714, in-4, fig., bas. m.

305. Pratica di fabricar scene e machine teatrali di Nic. Sabbatini da Pesaro, coll' aggiunta del secondo libro. *Ravenna*, 1638, fig. = I dieci libri d'Architettura di Vitruvio, tradotti da D. Barbaro patriarcha d'Aquileja. (Senza titolo.) In-4, fig., v. f., fil.

306. Essai sur l'architecture théâtrale, par Patte. *Paris*, 1782, in-8, fig., br.

306 *bis*. Traité des constructions rurales, par M. Lastéyrie. *Paris*, 1802, in-8, et 1 vol. in-4 de pl., br.

307. La pratique du trait à preuves de Desargues pour la coupe des pierres en architecture, par A. Bosse. *Paris*, 1643, in-8, fig., rel. en cart.

307 *bis*. L'Art d'appareil, par Menaud. *Paris*, 1756, gr. in-4, fig., 6 part. en 1 vol., br.

308. Les Édifices antiques de Rome, dessinés et mesurés par Desgodetz. *Paris*, 1779, gr. in-fol., fig., br. en cart.

309. Description de l'Eglise royale des Invalides (par Félibien.) *Paris*, 1706, in-fol. encadré, v. m.

309 *bis*. Description historique de l'Hôtel royal des Invalides, par l'ab. Perau, avec les plans, coupes, élévations géométrales...., par Cochin. *Paris*, 1756, in-fol., v. m.
— Description nouvelle de la cathédrale de Strasbourg et de sa tour, revue par Jos. Schweigheüser. *Strasbourg*, 1780, in-12, fig., rel. en cart.

310. Descripcion del R. monasterio de San Lorenzo, del Escorial, su magnifico templo, Panteon y palacio..., con un tratado apendice de los insignes professores de las bellas artes estatuaria, arquitectura y pintura que concurieron á su fundacion..., por Andres Ximenez. *Madrid*, 1764, pet. in-fol., fig., parch.

311. Plans, élévations, coupes et profils du théâtre de Metz, construit en 1751 sur les dessins et sous la conduite de Roland le Virloys. *Paris*, 1759, in-4, rel. en cart.

IV. ARTS ET MÉTIERS.

312. L'Art du peintre doreur, vernisseur, par Watin (rédigé par Prevost de St.-Lucien). *Paris*, 1776, in-8, br.
— Traité des couleurs matérielles, et de la manière de colorer, relativement aux différens arts et métiers, par Le Pileur d'Apligny. *Paris*, 1779, in-12, v. m.

313. Description des travaux qui ont précédé, accompagné et suivi la fonte en bronze d'un seul jet de la statue équestre de Louis XV, par Mariette. *Paris*, 1768, in-fol. atlant., fig., v. m., fil.
313 *bis*. Monument élevé à la gloire de Pierre le Grand, ou Relation des travaux et des moyens méchaniques qui ont été employés pour transporter un rocher de trois millions pesant, destiné à servir de base à la statue équestre de cet empereur, par Marin Carburi de Ceffalonie. *Paris*, 1777, in-fol., fig., bas. m.
314. La Danse ancienne et moderne, par de Cahusac. *La Haye*, 1754, pet. in-12, 3 tom. en 1 vol., v. m.
315. La Venaria reale, palazzo di piacere e di caccia, ideato dal conte Amed. di Castellamonte. *Torino*, 1674, pet. in-fol., fig., v. br.

BELLES-LETTRES.

I. TRAITÉS SUR LES LANGUES. — RHÉTEURS ET ORATEURS.

316. Franc. Priscianese della lingua latina, libri VI. *Vinegia*, 1563, pet. in-8, parch.
317. L'Hercolano, dialogo di Bened. Varchi nel qual si ragiona generalmente delle lingue et in particolare della toscana et della fiorentina. *Vinetia, Giunti*, 1580, pet. in-4, réglé, v. fil., tr. dor.
317 *bis*. Sopra le piu giuste regole per parlare e scrivere toscano figuratamente, trattato del cav. G.-Ant. Pecci. *Siena*, 1767. = Le Ore di recreazione di ***. *Venezia*, 1778, in-8, bas. rac.
318. Voci italiane d'autori approvati dalla Crusca nel vocabolario d'essa non registrate con altre molte appartenenti per lo più ad arti e scienze che ci sono somministrate similmente da buoni autori. *Venezia*, 1745, in-4, vél.
319. Vocabolario degli accademici della Crusca. *Venezia*, 1741, pet. in-4, 5 vol., mar. r., fil., tr. dor.
320. Nuovo dizionario italiano-francese da Franc. de Alberti di Villanuova. *Bassano*, 1796, gr. in-4, bas. rac.
320 *bis*. Nouveau dictionnaire portatif françois-italien, abrégé de celui d'Alberti, par Jos. Martinelli. *Bassan*, 1803, in-8, 2 vol., br. en cart.
321. Sinonimi ed aggiunti italiani, raccolti da C.-Cost.

Rabbi. *Bassano*, 1783, in-4, 2 tom. en 1 vol., v. f., fil.
321 bis. Osservazioni concernenti alla lingua italiana ed a' suoi vocabolarj. *Parma*, 1823, gr. in-8, br.
322. Nouvelle méthode de MM. de Port-Royal pour apprendre facilement et en peu de temps la langue italienne. *Paris*, 1696, in-12, v. br. — Abrégé de la langue toscane, ou nouvelle Méthode contenant les principes de l'italien, par Palomba. *Paris*, 1768, in-8, 3 vol., v. j.
322 bis. Vocabulario veneziano e padovano co' termini e modi corrispondenti toscani, composto dall' ab. Gasp. Patriarchi. *Padova*, 1821, in-4, br. en cart.
323. L'Institutioni oratorie di M.-F. Quintiliano, trad. da Oratio Toscanella. *Vinegia*, G. Giblito di Ferrari, 1566, in-4, bas. m. — La Retorica di Bartol. Cavalcanti, con le postille di P. Portinaio. *Venetia*, 1578, in-4, parch.
324. Orationi militari, raccolte per Remigio da tutti gli historici greci et latini antichi et moderni... *Vinegia*, 1585, in-4, vél. — Orationi volgarmente scritte da molti huomini illustri de tempi nostri, raccolte per Fr. Sansovino. *Venetia*, 1562 (2 part.). — Orationi recitate a principi di Venetia nella loro creatione da gli ambasciadori di diverse citta, raccolte per Sansovino. *Venetia*, 1562, pet. in-4, v. br.

II. Poëtes grecs, latins et français.

325. L'Arte poetica di Antonio Minturno, con le postille del D. Valvassori. *Venetia*, 1564. = I modi piu communi con che ha scritto Cicerone le sue epistole secondo i generi di quelli, con altre cose, raccolti da M. Oratio Toscanella. *Vinegia*, 1558, pet. in-4, rel. en parch.
326. Della ragion poetica libri due, della tragedia libro uno di Vinc. Gravina. *Venezia*, 1731, pet. in-4, bas. m.
327. L'Odissea d'Homero, tradotta in volgare fiorentino da Gir. Baccelli. *Firenze*, 1582, pet. in-8, parch.
328. Iliade di Omero (trad. in versi dal Ab. Cesarotti). *Pisa*, 1802, pet. in-8, 4 vol., br. — Odissea di Omero trad. da Ippol. Pindemonte. *Verona*, 1822, pet. in-8, 2 vol. br.

329. Iliade di Omero traduzione (in versi) del Cav. Vinc. Monti. *Brescia*, 1810, in-8, 3 vol., br.
330. Anacreonte, trad. dal testo greco da Aless. Marchetti. *Londra*, 1803, in-8, br. — La Faoniade, inni ed odi di Saffo, trad. dal testo gr. in metro italiano da S.-L.-P.-A. *Parma, tipi Bodon.*, 1801, pet. in-8, br. en cart. — Le avventure d'Ero e di Leandro di Museo grammatico trasportate in verso italiano da Girolamo Pompei. *Parigi*, 1801, in-18, fig., v. éc., fil.
331. Di Tito Lucrezio Caro della natura delle cose libri sei, trad. del latino in italiano da Aless. Marchetti, dati in luce da Fr. Gerbault. *Amst.*, 1754, gr. in-8, fig., pap. de Holl., 2 vol., mar. r., fil., tr. dor.
332. Di Tito Lucrezio Caro della natura delle cose libri VI, trad. da Aless. Marchetti. *Londra*, 1761, pet. in-12, 2 vol., v. j. — L'Eneide di Virgilio di Ann. Caro, arrichita con le traduzioni della bucolica, georgica e vita di Virgilio. *Venezia*, 1783, pet. in-12, fig., vél.
333. Le Bucoliche et le Georgiche di P. Virgilio Marone, trad. in versi dal P. Ant. Ambrogi. *Roma*, 1770, in-12, 4 vol., d.-rel.
334. L'Eneide di Virgilio ridotta in ottava rima dal S. Hercole Udine. *Venetia*, 1600, pet. in-12, bas. — Eneide di Virgilio, trasportata in ottava rima da Bartol. Beverini. *Roma, l'eredi del Corbelletti*, 1691, pet. in-12, parch. — L'Eneide travestita di G.-B. Lalli. *Roma*, 1651, pet. in-12, v. f., fil.
335. L'Eneide di Virgilio del Comm. Ann. Caro. *Parigi, ved. Quillau*, 1760, gr. in-8, fig., 2 vol., mar. r., fil., tr. dor.
336. L'Opere d'Oratio, comentate da Giov. Fabrini da Fighine in lingua vulgare toscana. *Venetia*, 1581, pet. in-4, v. f.
337. Poésies d'Horace, texte rétabli par P. Didot aîné, traduction complétée par F. Peyrard. *Paris*, 1808, pet. in-12, 2 vol., bas. rac., fil.
338. Le poesie di Q. Orazio Flacco recate in altrettanti versi italiani da Gius. Solari. *Genova*, 1811, 2 vol., gr. in-8, br. — Opere di Q. Orazio Flacco volgarizzate col testo da Fr. Venini et Fr. Soave. *Venezia*, 1812, in-12, 2 part. en 1 vol., d.-rel.

339. Le Metamorfosi di Ovidio ridotte da Gio-Andr. dell' Anguillara, con le annotazioni de Gios. Horologgi et gli argomenti di Fr. Turchi. *Vinegia, Bern. Giunti,* 1584, in-4, fig., v. br., fil., tr. dor.

339 bis. Le Metamorfosi di Ovidio, ridotte da G. Andrea dall' Anguillara, con l'annotationi di M. Gios. Horologgi. *Venetia,* 1589, pet. in-4, rel. en cart.

340. Le Metamorfosi di Ovidio, tradotte in versi italiani da Clemente Bondi. *Parma, Bodoni,* 1806, pet. in-8, 2 vol., br. en cart.

341. Métamorphoses d'Ovide, trad. en vers franç. avec le texte par L. de M. *Paris,* 1784, in-8, 3 vol., bas. rac.

342. Métamorphoses d'Ovide en rondeaux (par Benserade). *Paris, I. R.,* 1676, in-4, fig., v. br.

343. Epistole eroiche di P. Ovidio Nasone tradotte da Remigio fiorentino (in versi). *Parigi, Durand,* 1762, in-8 tiré in-4, bas. m.

344. Nouvelles fables de Phèdre, trad. en vers italiens par Petronj, et en prose française par M. Biagioli. *Paris,* 1812, in-8, br.

344 bis. La Guerra civile overo Farsaglia di M.-A. Lucano, trad. da Paolo Abriani. *Venetia,* 1668, in-12, bas., fil.

345. Juvenal tradotto di latino in volgar lingua per G. Summaripa. (*Venezia*) *P. Alex. Pag.* (*Alessandro Paganino*) *Benacens. F. Bena. V. V.* (senza anno). Pet. in-8. parch.

346. Giuvenale e Persio spiegati con la dovuta modestia in versi volgari ed illustrati con varie osservazioni dal C. Camm. Silvestri da Rovigo. *Padova,* 1711, in-4, vél.
— Opere di Cl. Claudiano, trad. e arrichite di erudite annotazioni da Nicc. Beregani. *Vinetia, G. Ertz,* 1716, pet. in-8, 2 vol., parch.

347. Vol. in-4, vél. vert, aux armes de Jac.-Aug. de Thou, et avec son nom de sa main, contenant:

<small>De rebus præclarè gestis à Sixto V, Jo.-Fr. Bordini carmina. *Romæ,* 1588, fig. — Translatio corporis Pii papæ V quam.... Sixtus V celebravit anno 1588. *Romæ, typ. vat.* 1588. — De sacello Sixti V pont. in Exquiliis extructo, Hieron. Badesii Carmen. *Ibid.,* 1588. — De eodem sacello ab H. Badesio descripto, diversorum poetarum carmina. — La Pompa funerale fatta nella trasportatione dell' ossa di papa Sisto il V, scritta da Baldo Catani. *Roma, st. vatic.,* 1591, fig. — Le Pompe del campidoglio per Urbano VIII quando piglio il possesso in Roma descritte da Mascardi. *Roma,* 1624.</small>

348. Constantinus, sive Idolatria debellata, authore P.

Mambruno. *Lutetiæ-Parisiorum*, 1658, in-4, v. m., dent., tr. dor.

349. Poétique françoise, par Marmontel. *Paris*, 1763, in-8, 3 vol., bas. m.

350. Satyres et autres œuvres de Regnier, accompagnées de remarques historiques. *Londres, Tonson*, 1733, gr. in-4, v. m.

351. Fables nouvelles, par De la Motte. *Paris*, 1719, gr. in-4, fig., v. br.

III. Poètes italiens.

352. L'Istoria della volgar poesia, scritta di Giov. M. Crescimbeni. *Roma*, 1714, in-4, v. f. — Commentarj di G.-M. Crescimbeni intorno alla sua Istoria della volgar poesia. *Roma*, 1702-1722, in-4, 4 vol., v. f.

353. Della perfetta poesia italiana spiegata e dimostrata da Lod.-Ant. Muratori. *Venezia*, 1795, 2 tom. en 4 vol. in-8, br.

354. Arte del verso italiano con le tavole delle rime di F. Tom. Stigliani, con varie giunte e notazioni di Pompeo Colonna, arrichita di molte desinenze e del sillabario di Udino Nisieli. *Venezia*, 1742, pet. in-8, v. j. — Introduzione alla volgar poesia, dal P.-G.-B. Bisso. *Venezia*, 1791, in-8, br. en carton.

355. I fiori delle rime de' poeti illustri raccolti da Gir. Ruscelli. *Venetia*, 1579, pet. in-12, v. br. — Rime scelte di diversi autori. *Vinegia*, 1590, pet. in-12, v. br.

356. Scelta di poesie italiane de' più celebri autori d'ogni secolo, raccolte e con note illustrate da Ant. Ben. Bassi. *Parigi*, 1783, gr. in-8, 2 vol. br. — Rime de' più illustri poeti italiani scelte dall' Ab. Antonini. *Parigi*, 1731, in-12, 2 vol., v. m.

357. Stanze di diversi illust. poeti raccolte da Lod. Dolce. *Vinegia*, 1558, pet. in-12, vél.

358. Tutti i trionfi, carri, mascherate o canti carnascialeschi andati per Firenze, dal tempo di Lorenzo de' Medici fino all anno 1559. *Cosmopoli*, 1750, in-8, portraits, 2 vol., bas.

359. Sonetti del Burchiello, del Bellincioni e d'altri poeti fiorentini alla burchiellesca. *Londra* (in Italia), 1757, in-8, v. éc., fil.

360. Il libro del Perche, la pastorella del Marino, la Novella dell' Angelo Gabriello, e la Puttana errante di Aretino. *Peking, regnante Kien-Long, nel XVIII secolo,* in-18, d.-rel.
361. Il libro del Perche, la Pastorella del Marino, la Novella dell' Angelo Gabriello, coll' aggiunta della membrianeide. *Nullibi et ubique, XVIII secolo*, pet. in-12, mar. r., fil., tr. dor.
362. Opere burlesche di Fr. Berni, di G. della Casa, del Varchi, del Mauro, di M. Bino, del Molza, del Dolce, e del Firenzuola. *Londra,* 1723, pet. in-8, 2 vol., v. éc.
363. Opere burlesche di Franc. Berni, del Varchi, del Mauro, di M. Bino, del Molza, del Dolce e del Firenzuola.... *Utrecht al Reno, Broedelet,* 1726, in-12, 3 vol., vél.
Le medesimo, 1760, pet. in-8, 3 vol., vél.
364. Le terze rime piacevoli di Giov. della Casa, con una scelta delle migliori rime burlesche del Berni, Mauro, Dolce ed altri autori incerti. *Benevento,* 1727, in-8, br., rogné. — Rime giovanili, pastorali, sacre, profane, anacreontiche e scherzevoli. *Parma, stamp. reale,* 1789, in-12, 2 vol., d.-rel. — Favole scelte de gli autori più celebri, raccolte da Leon. Nardini. *Londra,* 1800, in-12, pap. vél., br. en carton.
365. Versi sciolti di tre eccellenti moderni autori (Frugoni, Algarotti, Bettinelli), con alcune lettere non più stampate. *Venezia,* 1758, pet. in-4, v. m.
366. Opere del div. p. Danthe, con suoi comenti. *Vinegia, per Miser Bernardino Stagnino da Trino de Monferra,* 1512, in-4, fig., v. éc.
367. La commedia di Dante Alighieri col comento di Pompeo Venturi. *Firenze,* 1771-1774, in-8, 6 vol., d.-rel.
367 bis. Illustrazioni alla commedia di Dante Alighieri, composte da Fil. M. Rosa Morando, con altre di G. Lor. Berti Agostiniano. I setti salmi penitenziali con il credo di Dante Alighieri illustrati con scientifiche annotazioni dell' Ab. Saverio Quadrio, ed il trattato de monarchia. — Prose e rime liriche di Dante Alighieri. *Venezia,* 1760, in-8, 2 vol., v. m. (tom. 4 et 5 de l'édition du Dante en 5 vol.)
368. Il Petrarcha col commento di Seb. Fausto da Lon-

giano.... *Vinegia, Franc. di Aless. Bindoni*, 1532, pet. in-8, parch.

369. Le Rime di Petrarca brevemente esposte por Lod. Castelvetro. *Venezia*, 1756, in-4, 2 vol., v. m.

370. Nimfale Fiesolano, poemetto di G. Boccaccio. *Londra e Parigi*, 1778, pet. in-12, br. en cart. — Il Filostrato, poema di Gio. Boccaccio. *Parigi, Didot il magg.*, 1789, in-8, v. f., fil.

371. La bella mano di Giusto de' Conti, con una raccolta di rime d'antichi toscani. *Verona*, 1750, pet. in-8, v. m., fil., tr. dor.

372. Dialogi maritimi di G.-Jac. Bottazzo, et alcune rime maritime di Nic. Franco. *Mantova*, 1547, pet. in-8, bas. m.

373. Orlando innamorato di Mat.-Mar. Boiardo, insieme co i tre libri di Nic. de gli Agostini, nuovamente riformato per Lod. Domenichi, con gli argomenti. *Vinegia*, 1553, pet. in-4, fig. en bois, v. br.

374. Orlando innamorato del S. Matteo-M. Boiardo, insieme co i tre libri di Nic. de gli Agostini, gia riformati per Lod. Domenichi. *Venetia*, 1623, in-8, parch.

375. Orlando innamorato, composto gia dal S.-Matt.-Mar. Boiardo, ed ora rifatto tutto di nuovo da Fr. Berni. *Fiorenza*, 1725, gr. in-4, vél.

376. L'Arcadia di Jacopo Sannazzaro, colle antiche annotazioni et le rime del medesimo con l'aggiunta della terza parte e d'una farsa non piu stampata. *Venezia*, 1725, pet. in-12, 2 tom. en 1 vol., v. f., fil., tr. dor.

377. Orlando furioso di Lod. Ariosto, con le annotationi di Gir. Ruscelli.... *Venetia*, 1560, in-4, fig., v. br.

378. Orlando furioso di Lod. Ariosto, con V nuovi canti del medesimo.... *Venetia*, 1566, in-4 réglé, fig., vél., tr. dor.

Bel exemplaire.

379. Orlando furioso di Lod. Ariosto, con gli argomenti di Lod. Dolce, e con le allegorie di Thom. Porcacchi da Castiglione. *Venetia*, 1604, in-24, fig. en bois, v. br., tr. dor.

380. Orlando furioso di Lodov. Ariosto. *Venezia*, 1772-1773, in-4, fig., 4 vol., v. éc.

381. Opere varie di Lodov. Ariosto. *Parigi*, 1776, pet. in-12, 3 vol., v. m., fil.

382. I Triomphi di Carlo (magno) di M. Franc. d'i Lodovici. *Vinegia, Pasini et Bindoni*, 1535, pet. in-4, v. f., fil. (*Le titre manque*.)
383. Opere del Thibaldeo ferrarese: soneti, dialogo, epistole, egloghe, desperata, capitoli. *Venetia, Gugl. de Monferrato*, 1519, pet. in-8, bas.
384. Le Rime di P. Bembo, con annotazioni di Franc. Sansovino. *Venetia*, 1564. = Le Prose di P. Bembo, reviste da Lod. Dolce. *Venetia*, 1557, pet. in-12, v. f.
385. Orlandino, di Limerno Pitocco (Teofilo Folengo). *Londra e Parigi, Molini*, 1773, pet. in-12, parch.
386. Opere di Agnolo Firenzuola. *Firenze*, 1763, in-8, 3 vol., vél.
387. Rime della diva Vettoria Colonna da Pescara. *Vinegia, Bartolomio detto l'imperador et Francesco Vinetiano*, 1554, pet. in-8, v. br., tr. dor. — La Sirena, Marfisa et Angelica, poemetti di Partenio Etiro (Pietro Aretino). *Venetia*, 1630, in-32, v. m., fil.
388. L'Italia liberata da' Goti, di G.-G. Trissino, riveduta per l'ab. Antonini. *Parigi*, 1729, in-8, 3 vol., v. br.
389. La Coltivazione e gli Epigramni di L. Alamanni, e le Api di Ruscellai, colle annotazioni di G. Bianchini da Prato, di Rob. Titi, e la vita dell' Alamanni, di G.-M. Mazzuchelli. *Bassano*, 1795, gr. in-18, br. en cart. — L'Avarchide di Luigi Alamanni. *Bergamo*, 1761, pet. in-12, 2 vol., bas. m., fil.
390. Rime di Michelagnolo Buonarroti il Vecchio, con una lezione di Benedetto Varchi i due di M. Guiducci. *Firenze*, 1726, pet. in-8, v., fil.
391. Rime del Comm. Ann. Caro. *Venetia, B. Giunti*, 1584, pet. in-4, v. br. — Le prime imprese del Conte Orlando di Lod. Dolce in ottava rima, con argomenti. *Vinegia*, 1572, pet. in-4, fig. en bois, vél.
392. La Balia, poemetto di L. Tansillo, pubbl. ora la prima volta con annotazioni da G.-Ant. Ranza. *Vercelli*, 1767, in-4, br. en cart.
393. Il Vendemmiatore, poemetto di L. Tansillo e la Priapea, sonetti di Nicc. Franco. *Peking*, XVIII secolo, in-12, cart. à la Bradel.
394. Opere poetiche d'Ercole Bentivoglio. *Parigi*, 1719, in-12, mar. citr., fil., tr. dor.
395. Le tre parti del campo de primi studii di Gabr. Sy-

meoni. *Venetia*, 1546, pet. in-8, couvert en pap.
396. Rime di Anton.-Franc. Grazzini detto il Lasca. *Firenze*, 1740-1741, pet. in-8, 2 vol., v. m.
397. L'Amadigi di Bernardo Tasso (editore Lod. Dolce). *Venetia*, 1581, in-4, vél.
398. La Gerusalemme conquistata, di Torq. Tasso. *Venetia*, 1628, pet. in-4, v. br.
399. La Gierusalemme liberata, di Torq. Tasso. *Londra*, 1724, in-4, fig., 2 vol., v. m., fil.
400. Rime di Torq. Tasso divise in amorose, boscherezze... e varie. *Venetia*, 1621, pet. in-12, 9 part. en 1 vol., v. br. — Veglie di Torquato Tasso. *Firenze*, 1822, pet. in-8, br.
401. Rime di Cesare Caporali, colle osservazioni di Carlo Caporali. *Perugia*, 1770, in-4, br. en cart.
402. Satire di Q. Settano (Lod. Sergardi) con aggiunte e annotazioni. *Londra e Livorno*, 1786, in-12, br. — L'Asino, poema eroicomico di Carlo de' Dottori, con gli argomenti di Celest. Zacco. *Padova*, 1796, pet. in-8, br. en cart.
403. L'Adone, poema del Cav. Marino. *Parigi*, 1623, in-fol., v. m.
404. L'Adone, poema heroico del C. Marino, con gli argomenti del C. Sanvitale e l'allegorie di D. Lor. Scoto. *Amst., Elzev.*, 1678, in-32, fig., 4 vol., v. f., tr. dor.
405. La Galleria del C. Marino. *Venetia*, 1626, in-24, mar. citr., fil., tr. dor. — La Martoleide, fischiata del medesimo. *Norimberg*, 1619, pet. in-12, d.-rel.
406. Arte de gli amanti di P. Michiele: favole boscherecce del medesimo. *Venetia, gli Guerigli*, 1642-1643. = Il Licida del medesimo, 1644, pet. in-12, v., fil. — Prose vulgari di Agostino Mascardi. *Venetia*, 1653, pet. in-12, v. br.
407. La Venetia edificata, poema di Giulio Strozzi. *Venetia*, 1624, in-fol., fig., br. en cart.
_{Incomplet du titre et des deux premiers feuillets de la table.}
408. La Secchia rapita, poema eroi-comico di Aless. Tassoni con le dichiarazioni di Gasp. Salviani. *Venetia*, 1637, pet. in-12, mar. r., fil., tr. dor. — Annotazioni del D. Pellegrino Rossi alla Secchia rapita d'Al. Tassoni in seguito delle gia fatte da Gasp. Salviani. *Piacenza*, 1738, in-8, br. en cart.

409. La Secchia rapita, poema di Al. Tassoni colle dichiarazioni D. Gasp. Salviani, la prefazione e le annotazioni di G.-A. Barotti e la vita del poeta composta da Lod.-Ant. Muratori. *Modena*, 1744, pet. in-4, br. en cart.
410. Rime di Gab. Chiabrera. *Roma*, 1718, in-8, 3 vol., vél.
411. Satire di Jac. Soldani, con annotazioni. *Firenze*, 1751, in-8, br. en cart. — Opere del conte don Fulvio Testi. *Venetia*, 1644, pet. in-12, v. f., fil.
412. Lo Scherno degli Dei, poema di Franc. Bracciolini. *Yverdon*, 1772, in-12, br. en cart. — La Croce racquistata, di Fr. Bracciolini. *Parigi*, 1605, in-12, v. m.
413. Il Malmantile racquistato di Lor. Lippi. *Parigi, Prault*, 1768, pet. in-12, v. gr., fil. — Il Torrachione desolato di Bartol. Corsini. *Londra e Parigi, Prault*, 1768, pet. in-12, 2 vol., v. gr., fil.
414. Il Malmantile racquistato, colle note di Puccio Lamoni e d'altri. *Firenze*, 1788, in-4, 2 vol. br. en cart.
415. Il medesimo. *In Prato*, 1815, in-4, v. éc., fil.
416. Opere di Stefano Benedetto Pallavicini. *Venezia*, 1744, in-8, 4 vol. v. m., fil.
417. La Cicceide legitima (di Carlo-Fr. Lazzarelli). *Parigi*, s. a., pet. in-12, v. f. — Frascherie di Ant. Abati. *Lugd.-Bat.*, 1658, pet. in-8, v. m. — Satire di Salvator Rosa con le note d'Ant.-Mar. Salvini e d'altri. *Amst.*, 1790, in-18, br. en cart.
418. Il conquisto di Granata, di Girol. Gratiani, con gli argomenti di Flam. Calvi. *Modona*, 1650, in-4, v. br.
418 bis. La Poesia muta celebrata dalla pittura loquace, da G.-L. Piccardini. *Bologna*, 1666, pet. in-12, rel. en pap.
419. Versi e traduzioni di Giuseppe Adorni. *Parma, Bodoni*, 1809, gr. in-18, pap. vél., v. rac., fil.
420. Il Maggio romanesco, overo il Palio conquistato, poema epico-giocoso, nel linguaggio del volgo di Roma, di Gio.-Cam. Perezio. *Ferrara*, 1688, pet. in-8, v. m. (*Un feuillet ms.*) — Bacco in Toscana, ditirambo di Fr. Redi, con le annotazioni. *Firenze*, 1685, in-4, parch. — Raccolta delle poesie di Franc. Redi. *Londra*, 1781, pet. in-12, br.
421. Poesie toscane di Francesco Redi. *Firenze*, 1822, gr. in-8, pap. vél., br. — Grillo, canti X d'Enante Vignajuolo. *Verona*, 1738, gr. in-8, v. m., fil.

422. Poesie varie di Carlo-Maria Maggi, e nuova aggiunta. *Venetia*, 1700 et 1701, in-12, 4 vol., v. br.
423. Novelle galanti in ottava rima di Gius. Fuerroni. *Parigi*, 1802, in-12, br. — Poesie di Bened. Menzini. *Nizza*, 1782, in-12, 2 vol., br. en cart. — Satire del March. Lodov. Adimari. *Londra e Livorno*, 1788, in-12, br. — Satire del Caval. Dotti. *Ginevra*, 1757, pet. in-12, 2 part. en 1 vol., v. m.
424. Ricciardetto di Nicc. Carteromaco (Fortiguerra). *Parigi*, 1738, in-4, v. m.
425. I cantici di Fidentio Glottochrysio ludimagistro. *Vicenza*, 1743, in-8, v. m. — Rime di Eustachio Manfredi. *Nizza*, 1781, in-12, br. — Rime di G.-B.-F. Zappi e di Faustina Martati. *Nizza*, 1781, in-12, br. — La Cortona convertita del P.-F. Moneti con la ritrattazione ed altri bizarri componimenti poetici del medesimo. *Amst.*, 1790, in-8, bas. rac.
426. Rime piacevoli di G.-B. Fagiuoli. *Firenze*, 1729-34, pet. in-4, 6 vol., parch.
427. Continuazione dell' Orlando furioso di Lod. Ariosto, poema di G.-B. Marchitelli. *Venezia*, 1785, in-12, br. — Poetici componimenti di Paolo Rolli. *Venezia*, 1761, pet. in-8, v. m. — Le Poesie di G. Baffo. 1771, pet. in-8, v. m.
428. Baccanali di Girol. Baruffaldi. *Bologna*, 1758, in-8, fig., 3 vol. br.
429. Opere poetiche dell' ab. Carlo-Innoc. Frugoni, fra gli arcadi Comante Eginetico. *Parma, stamp. reale*, 1779, gr. in-8, 9 vol., v. m., fil., tr. dor. — Apologia dell' edizion frugoniana e del ragionamento sulla volgar poesia. *Firenze*, 1781, in-8, br.
430. Il Cicerone. Poema di G.-C. Passeroni. *Milano*, 1774, in-8, 6 vol., d.-rel.
431. Opere di Gius. Parini, pubbl. ed illustrate da Franc. Reina. *Milano*, 1801, in-8, 6 vol., br. en cart.
432. Il Mattino, il mezzo giorno, il vespro e la notte, poemi dell' abb. Gius. Parini. *Genova*, 1803, in-18, br. — Il Fodero o sia il jus sulle spose de gli antichi signori, sulla fondazione di Nizza della Paglia, poema satirico-giocoso di Veridico Sincer Colombo Giulio. *Nizza e Parigi, Molini*, 1788, in-18, br. — Il Misogallo prose e rime di Vitt. Alfieri. *Londra*, 1799, in-18, br.

— Epigrammi e novellette galanti di Franc. Pananti. *Italia*, 1801, in-18, br. — Il Poeta di teatro, romanzo poetico del medesimo. *Milano*, 1817, in-12, 2 vol. br.

433. D'Ippol. Pindemonte : Prose e poesie campestri. *Verona*, 1817, gr. in-8, br. — Epistole in versi. *Verona*, 1818, gr. in-8, br. — Sermoni. *Verona*, 1819, in-8, br.

434. Di G.-B. Casti : Li tre Giulj, sonetti. *Milano*, 1803, in-8, br. — Poesie liriche e drammatiche. *Filadelfia*, 1803, pet. in-12, 2 vol. br. — Novelle Galanti. *Peking, regnante Kien-Long*, in-18, 3 vol., br. — Il poema Tartaro. *Genova*, 1804, pet. in-12, fig., 2 vol., br.

435. Del medesimo : Gli Animali parlanti, poema epico. *Parigi*, 1820, in-12, 3 vol., br. — Novelle. *Parigi*, 1821, in-12, 4 vol., br. — Il poema Tartaro, 3 tom. en 1 vol. in-18, d.-rel.

436. Gli Animali parlanti, poema di G.-B. Casti. *Parigi*, 1802, gr. in-8, 3 vol., br. en cart. — Novelle del medesimo. *Parigi*, 1804, gr. in-8, 3 vol., br. en cart.

437. Gli Animali parlanti, poema di G.-B. Casti. *London (Firenze), Molini*, 1822, in-18, pap. vél., br. en cart.

438. Di Vinc. Monti : Visione. Songe du prof. Monti (trad. en vers franç. par Carrion-Nisas). *Paris, I.-I.*, 1805, in-4, br. en cart. — La Ierogamia di Creta, inno. *Parigi, Didot*, 1810, gr. in-4, pap. vél., br. en cart. — Il Bardo della selva nera, poema epico-lirico. *Parma, co' tipi Bodon.*, 1806, gr. in-fol., mar. r., fil., tr. dor.

439. Di Lor. Pignotti : Poesie. *Pisa*, 1802, in-16, 2 vol. br. — La Treccia donata, poemetto eroi-comico di Lor. Pignotti. *Firenze*, 1808, in-8, br.

440. Poesie di Lor. Pignotti. *Firenze, Molini*, 1820, pet. in-12, pap. vél., br. en cart.

441. Raccolta di novelle del P. Atanasio da Verrochio (Batachi di Livorno) et del P. Agapito da Ficheto. *Londra*, anno v, 2 vol. — Il Zibaldone, poemetto del P. Atanasio da Verrochio. *Londra*, anno vi, 1 vol., les 3 vol. in-8, br. en cart.

442. Il Zibaldone, poemetto burlesco del P. Atanasio da Verrocchio (Batachi). 1805, in-12, cart. à la Bradel.

443. Poesie del March. Prospero Manara fra gli Arcadi

Tamarisco Alagonio.— La Buccolicha et le Georgiche di P. Virgilio in versi italiani del medesimo. — Elogio di Pr. Manara (da Ant. Cerati). *Parma, co' tipi bodoniani*, 1801, in-18, 4 vol., cart. à la Bradel.

444. Le Nozze di Giove e di Latona, per l'avvenimento del I aprile 1810 (da Giov. Rosini). *Firenze, Molini*, 1810, in-18, br. — Omaggio poetico di Euforbo Melesigenio (abate Caluso). *Parma, Bodoni*, 1792, in-12, br. en cart. — Scelte rime piacevoli di un Lombardo. *Italia* (*senza anno*), in-12, br. — Castruccio, poema epico di Costanza Moscheni. *Lucca* (1811). = I Nuovi santi (di M.-Jos. Chénier), traduzione in versi italiani. *Parigi*, 1802, in-18, d.-rel.

445. Poesie di Ant. Buttura. *Parigi*, 1811, in-16, pap. de Holl., br. — Favole dell' ab. de' Giorgi Bertola. *Bassano*, 1789, in-12, br. — Favole esopiane di G.-B. Roberti. *Bassano*, 1795, in-12, br.

446. Storia critica de' teatri antichi e moderni di P. Napoli-Signorelli. *Napoli*, 1787-1790, in-8, 6 vol., bas. rac.

447. Le Rivoluzioni del teatro musicale italiano fino al presente, opera di Stef. Arteaga. *Venezia*, 1785, in-8, 3 vol., br. en cart.

448. Histoire du théâtre italien, par L. Riccoboni. *Paris, Delormel*, 1728, gr. in-8, fig. = Dell' arte rappresentativa capitoli VI, di L. Riccoboni. *Londra*, 1728, gr. in-8, fig., v. m.

449. Histoire du théâtre italien depuis la décadence de la comédie latine, par L. Riccoboni. *Paris*, 1731, gr. in-8, fig., 2 vol., v. m.

450. Teatro italiano o sia scelta di tragedie per uso della scena. *Venezia*, 1746, in-8, 3 vol., br.

451. Teatro italiano del secolo decimottavo. *Firenze*, 1784, in-8, 6 vol., br.

452. Teatro comico fiorentino contenente xx delle piu rare comedie citate da' sig. accademici della Crusca. *Firenze*, 1750, in-8, 6 vol., v. j.

453. Il Furto, com. di Fran. d'Ambra. *Fiorenza*, 1564. = L'Amor costante, com. di Aless. Piccolomini, ricorretta da Gir. Ruscelli. *Venetia*, 1554, pet. in-12, rel. en cart. — La Calandra da Gir. Ruscelli. *Venetia*, 1554, pet. in-8, parch. (*Titre manque.*) — Il Marescalco, com. di

P. Aretino. *Vinegia*, 1553, in-4, v. br., fil. (*Titre à la main.*)

454. Rosmunda, trag. di Giov. Rucellai ristampata con notitie litterarie ed annotationi di Giov. Povoleri. *Londra*, 1779, in-4, fig., br, en cart. — La Tancia, comm. rusticale di M.-A. Buonarruoti il giovane colle annotazioni di A.-M. Salvini. *Venezia*, 1760, in-8, br. en cart.

455. Vol. pet. in-12, v. br., contenant :

Com. del sacrificio de gli Intronati (autore Adr. Politi. *Venetia*, 1562. = La Rufiana, com. di Pol. Salviano, 1564. = Il Furto, com. di Franc. Dambra, 1561. = Lo Ghiratta, com. di Bern. Pino. *Vinegia*, 1503. = Edera di Bart. Carli de Piccolomini, 1663. = La Spiritata, com. di Grazzini, 1561.

456. Calandra, com. di Bern. de Vitio, 1561. = Alessandro, com. di Piccolomini, 1564. = L'Amor costante del Stordito intronato (Aless. Piccolomini), 1531, pet. in-12, vél.

457. Di Luigi Groto : La Calisto, nova favola pastorale. *Venetia*, 1595. — Il Thesoro, com. *Venetia*, 1599. — La Emilia, com. *Venetia*, 1600. — La Hadriana, trag. *Venetia*, 1599, 4 vol. pet. in-12, non rel.

458. Comedie di G.-B. Cecchi, la Dote, la Moglie, il Corredo, la Stiava, il Donzelo, gl' Incantesimi, lo Spirito. *Venetia*, 1585, pet. in-8, d.-rel.

459. Vol. pet. in-12, v. br., contenant :

Amore della patria di Giul. Goselini. *Venetia*, 1604; Il Sospetti di P. Gir. Gentile. *Venetia*, 1608; La Silvia errante, da Bern. Cenati. *Venetia*, 1608; Alcune poesie boschereccie di Gabr. Chiabrera. *Venetia*, 1609; Fillirio di Hier.-Vida Justinopolitano. *Padova* (1621); Il Pastor Vedovo. *Venetia*, 1621; Gli Straccioni di Annibal Caro. *Venetia*, 1628; Il Contrasto de i genii, dell' Inquieto academico incognito. *Venetia*, 1640; La Catena d'adone d'Ottav. Tronsarelli. *Venetia*, 1626.

460. Un vol. gr. in-8, v. m., contenant les 5 tragédies suivantes, imprimées à *Venise*, chez *Savioli*, en 1748 et 1749.

Giocasta di Lod. Dolce. — Edipo tiranno, di Sofocle, ridotto dalla greca nella toscana lingua da P.-A. Bargeo. — Ecuba, di L. Dolce tratta da Eurip. de. — Ifigenia di Dolce. — La Medea di Dolce.

461. Il Viluppo, com. di Girolamo Parabosco. *Venetia*, 1586. — I Lucidi di M. Agnolo Firenzuola. *Venetia*, 1552, pet. in-12, vél. — Roselmina, favola tragisatiricomica di Lauro Settizonio. *Venetia*, 1599, pet. in-12, parch.

462. Tre orationi di Ruzzante, recitate in lingua rustica, con uno ragionamento et uno sprolico. — Dialogo fa-

cetissimo et ridiculosissimo di Ruzzante. — Due Dialoghi di Ruzzante in lingua rustica, sententiosi, arguti et ridiculosissimi. — Fiorina, Moschetta, Anconitana, Vaccaria, Piovana et Rhodiana, comedie di Ruzzante. *Venetia, Giov. Bonadio,* 1565, pet. in-8, rel. en cart.

463. Commedie di G.-B. della Porta, cioè : La Sorella, 1606; la Cinthia, 1628; la Fantesca, 1569; lo Astrologo, 1606, pet. in-12, vél. (*Taché.*) — L'Erofilomachia overo il duello d'Amore et d'Amicitia, comedia del D. Sforza d'Oddo. *Venetia,* 1606, pet. in-12, v. f., fil. — L'Osteria magra, da Ces. Giudici. *Padova,* 1692, in-12, rel. en cart.

464. Santa Maria egizziaca di G. Andrea Cicognini. *Venetia,* 1660, pet. in-12, v. br.

465. Opere del conte Guidubaldo Bonarelli della Rovere. *Roma,* 1640, pet. in-12, vél. — Il don Pilone overo il bacchettone falso, com. tratta da francese da Girolamo Gigli. *Lucca,* 1711, in-8, parch.

466. Opere del cav. Batt. Guarini. *Verona,* 1737, in-4, fig., 4 vol., vél.

467. Le quattro piu eccellenti tragi-commedie italiane, l'Aminta di Tasso, il Pastor fido di Guarini, l'Alceo d'Ant. Ongaro, e la Filli di Sciro di Bonarelli. *Nizza,* 1784, in-12, 2 vol., d.-rel.

468. Assetta, commedia rusticale di Batrol. Mariscalco (editore C. Conti). *Marocco* et *Paris,* 1756. — Il Misantropo a caso maritato, o sia l'Orgoglio punito, comm. *Bologna,* 1748, in-8, v. br. — Le tragedie di Saverio Pansuti, l'Orazia, la Virginia, la Sofonisba, il Bruto, il Sejano. *Roma,* 1763, pet. in-8, v. m.

469. XI drammi giocose per musica da rappresentarsi nel teatro di Bastia nell' ann. 1774 et 1775, cioè : Il Re alla caccia; Il Teatro in scena; La Sposa fedele; L'Isola d'Alcina; Le Villanelle astute; La contessina Ballie; L'Amor senza malizia; La buona Figliuola; L'Eroe cinese; La Locanda; Le Orfane suizzere, pet. in-8, bas. m.

470. Apparato et feste nelle nozze del duca di Firenze et della duchessa sua consorte, con le sue stanze, madriali, comedia et intermedii in quella recitati. *Fiorenza,* 1539, pet. in-8, rel. en cart. — Discorso sopra la mascherata della genealogia degl' Iddei de' gentili, mandata

fuori dal duca di Firenze nel 1565. *Firenze, Giunti,* 1565, gr. in-8, vél.
471. Il Pomo d'oro, festa teatrale per l'aug. nozze di Leopoldo e Margherita, da Franc. Sbarra. *Vienna d'Austria,* 1668, pet. in-8, fig., v. br.
472. Della tragedia antica e moderna dialogo di P.-Jac. Martello.—Teatro italiano del medesimo. *Bologna,* 1735, in-8, 4 vol., v. m.—Versi e prose del medesimo. *Bologna,* 1729, in-8, 2 vol., br. en carton.
473. Di Vinc. Gravina tragedie cinque, premesso il suo libro della tragedia. *Venezia,* 1740, pet. in-8, br. en carton.—Parnaso del card. Delfino. *Utrecht,* 1730, pet. in-8, 2 vol.; v. f.—Teatro del March. Scipione Maffei. *Verona,* 1730, in-8, v. m.
474. Commedie di G.-B. Fagiuoli. *Venezia,* 1753, 3 vol.—Prose toscane del medesimo. *Roveredo,* 1755, 1 vol. Les 4 vol. pet. in-12, br. en carton.
475. Teatro tragico del M. Gius. Gorini Corio. *Milano, Aquelli,* 1744, pet. in-8, 6 tom. en 3 vol., v. br.
476. Poesie drammatiche di Apostolo Zeno. *Venezia,* 1744, in-8, 10 vol., bas. m.
477. Opere di Carlo Gozzi. *Venezia,* 1772, in-8, 3 vol., v. m.
478. Opere teatrali dell' ab Andrea Willi. *Venezia,* 1789, in-8, 6 vol., br. en cart.
479. Poesie di P. Metastasio. *Parigi, ved. Quillau,* 1755-1783, pet. in-8, v. éc., fil., tom. 1 à 10, et le tom. 11, bas. m.
480. Opere postume di P. Metastasio date alla luce dall' ab. conte d'Ayala. *Vienna,* 1795, in-12, 3 vol., br.
481. Commedie di G. Gher. de Rossi. *Bassano,* 1792, in-8, 4 vol., br. en carton.
482. I tentativi dell' Italia, cioè, Eduigi, Cleonice, Irene e don Rodrigo, trag. di Aless. Pepoli. *Parma, stamp. reale,* 1784, gr. in-8, pap. de Holl., mar. r., fil., tr. dor., d. de tabis.
483. Opere teatrali edite ed inedite di Camillo Federici. *Padova,* 1802, in-8, 10 vol., br.
484. Scelta di commedie e novelle morali del M. Albergati Capacelli, edite da Ant. Ravelli. *Londra, s. a.,* gr. in-8, 2 vol., br. en carton.
485. Tragedie di Vitt. Alfieri da Asti. *Firenze,* 1803,

in-12, 5 vol., br. — Dissertazione academica sulle tragedie di Vitt. Alfieri dell' avvocato Giov. Carmignani. *Firenze*, 1807, in-8, br.

486. Tragedie di Vitt. Alfieri che sogliono rappresentarsi sul teatro. *Firenze, Molini*, 1821, pet. in-12, pap. vél., br. en cart.

486 bis. Tragedie di Vitt. Alfieri. *Firenze, Molini*, 1821, in-18, pap. vél., fig., 2 vol., br. en carton.

487. Componimenti teatrali di Giov. Pindemonte. *Milano*, 1804, gr. in-8, 4 vol., br. — Arminio, trag. d'Ippol. Pindemonte, coll' aggiunta di tre discorsi risguardanti la tragedia. *Verona*, 1819, in-8, br.

488. Teatro domestico ovvero trattenimenti drammatici da rappresentarsi senza decorazione scenica del C. Giov. Giraud. *Firenze*, 1816, gr. in-18, 2 vol., br.

489. Commedie di Alberto Nota. *Milano*, 1816, in-12, 4 vol., br.

490. Teatro comico di F.-Aug. Bon di Venezia. *Milano*, 1823, in-12, 6 vol., br.

IV. POÈTES ESPAGNOLS, PORTUGAIS, ANGLAIS ET ALLEMANDS.

491. Poesias de veinte i dos autores espanoles del siglo decimo sesto traducidas en lengua italiana por J.-Fr. de Masdeu. *Roma*, 1786, in-12, 2 vol., br. en cart.

492. Lusiada italiana di C.-Ant. Paggi, poema heroico di Luigi de Camoens. *Lisbona*, 1659, pet. in-12, bas. m. — La Lusiade di L. Camoens, trad. in italiano da N. N. Piemontese, colla vita dell' autore e con gli argomenti da G.-Fr. Barreto. *Torino*, 1772, in-12, carton. à la Bradel.

493. Poésie di Ossian, trasportate della prosa inglese di Jac. Macpherson in verso italiano dall' ab. M. Cesarotti. *Padova*, 1763, in-8, 2 vol., d.-rel.

494. Ossian, poésies galliques, trad. sur l'angl. de Macpherson, par Letourneur. *Paris*, 1777, in-8, 2 vol., v. m.

495. Del Paradiso perduto, di Giov. Milton, traduzione di Paolo Rolli. *Londra*, 1736, in-fol., v. br.

496. Il Como, favola boschereccia di G. Milton, trad. in italiano da Gaet. Polidori. *Parigi*, 1812, gr. in-8, pap. vél., cart. à la Bradel.

497. I Principj della morale o sia Saggio sopra l'uomo, poema inglese di Aless. Popo, tradotto in versi sciolti italiani dal cav. Ant. Fil. Adami, con la giunta di critiche e filosofiche annotazioni. *Venezia*, 1761, in-8, v. éc., fil. — I capi d'opera di Al. Pope, trad. e corredati di critici discorsi, di note e di rami da Creofilo Sminteo. 1804, in-8, fig., br. en cart.
498. Il Messia di Klopstock, trasportato dal tedesco in verso italiano da Giac. Zigno. *Parigi*, anno v, in-12, 2 tom. en 1 vol. mar. r., fil. et dent., tr. dor.

V. Mythologie, Emblèmes, Devises, Apologues.

499. Genealogia degli Dei, di Giov. Boccaccio, tradotti et adornati per Gius. Betussi. *Vinegia*, 1553, in-4, parch. — Juliani Aurelii Lessigniensis de cognominibus deorum gentilium libri III. *Antuerpiæ*, 1541, pet. in-8, v. rac., fil.
500. Les Images ou tableaux de platte peinture des deux Philostrates et les statues de Callistrate, mis en franç. par Blaise de Vigenere. *Paris*, 1637, gr. in-fol., fig., v. br.
501. Le chasteau de Richelieu, ou l'Histoire des dieux et des héros de l'antiquité, avec des réflexions morales, par Viguier. *Saumur*, 1684, pet. in-8, vél.
502. Joa. Pierii Valeriani Hieroglophyca, seu de sacris Ægyptiorum aliarumque gentium litteris Commentarii. *Lugd.*, 1610, in-fol., fig., vél.
503. Iconologie ou Explication nouvelle de plusieurs images, emblèmes et autres figures hiéroglyphiques des vertus, des vices, etc., tirée de Ripa, moralisée par J. Baudouin. *Paris*, 1644, in-fol., fig., v. f., fil.
504. Le imprese illustri di Jer. Ruscelli, aggiuntovi il quarto libro da Vinc. Ruscelli. *Venetia*, 1585, in-4, fig., v. m. (*Titre recollé.*)
505. Cento favole bellissime de i piu illustri antichi e moderni autori greci e latini scielte e trattate in versi volgari da G.-M. Verdizotti. *Venetia*, 1607, in-8, fig. en bois, vélin.

VI. Romans, Contes et Nouvelles.

506. La Dilettevole historia di Heliodoro, trad. della lingua greca nella toscana da Leon. Ghini. *Genova*, 1582,

pet. in-8, v. m.—La Guerre di Napoli di Giov. Giov. Pontano nuovamente di lat. in lingua ital. tradotte. *Venetia*, 1543. = Achille Tazio dell' amore di Clitofonte e Leucippe, trad. di lingua greca in toscana da Fr.-Ang. Coccio. *Fiorenza, Giunti*, 1617, pet. in-8, v. f.

507. Di Senofonte efesio gli amori di Abrocome e d'Anzia, trad. dal greco da Ant.-M. Salvini, 1 vol. — Gli amori di Dafni e Cloe, descritti da Longo greco, volgarizzati da Gasp. Gozzi, 1 vol. — Di Caritone afrodisieo racconti amorosi di Cherea e di Callirroe, trad. dal greco da Giacomelli, 1 vol. — Apulejo dell' Asino d'Oro traslatato da Agnolo Firenzuola di latino in lingua toscana, 1 vol.: ces 4 vol. de *Paris*, 1781, in-4, br. en cart.

508. Longo sofista degli amori pastorali di Dafni e Cloe, libri IV ridotti in italiano dal commendatore Annibal Caro. *Crisopoli*, 1801, in-18, br. — Histoire des amours de Chéreas et de Callirrhoe, trad. du grec (de Chariton) avec des remarques (par Larcher). *Paris*, 1763, in-12, 2 vol., br.

509. Gli amori d'ismenio composti per Eustathio et di greco tradotti per Lelio Carani. *Fiorenza, Lor. Torrentino*, 1550, pet. in-8, v. f., fil.

510. Il Telemaco in ottava rima tratto dal francese da Flaminio Scarselli. *Roma*, 1747, in-4, 2 vol., v. f., fil.

511. Faunillane ou l'Infante jaune, conte (par le comte de Tessin). *Badinopolis (Paris)*, 1743, in-12, encadré. = Acajou et Zirphile, conte (par Duclos). *A Minutie (Paris)*, 1744. = Réponse du public à l'auteur d'Acajou, in-4, v. m.

Exempl. dans lequel sont ajoutées au conte de Faunillane et à celui d'Acajou 10 estampes in-4.

512. Li reali di Francia, ne' quali si contiene la generatione de gli imperatori, rè, duchi, prencipi, baroni e paladini di Francia, con l'imprese grandi e battaglie da loro fatte cominciando da Costantino imp. sino ad Orlando. *Bassano*, 1734, in-8, rel. en cart.

513. Il Philocolo di Giov. Boccaccio. *Vinegia, Franc. di Aless. Bindoni*, 1530, pet. in-8, parch.

514. Hypnerotomachie, ou Discours du songe de Poliphile déduisant comme Amour le combat à l'occasion de Polia..., trad. du langage italien en françois. *Paris*, 1561, in-fol., fig. en bois, v. br.

515. Il Congresso di Citera del C. Algarotti. *Parigi, Molini*, 1787, pet. in-12, v. f., fil. — Le Avventure di Saffo, traduzione del greco. *Vercelli*, 1783, in-8, br.
516. Il Novelliero italiano. *Venezia*, 1754, in-8, 4 vol., br. en cart.
517. Cento novelle scelte da piu nobili scrittori della lingua volgare di Fr. Sansovino. *Venetia*, 1566, pet. in-4, fig. en bois, v. br.
518. Novelle di autori Senesi. *Londra*, 1796, pet. in-8, 2 vol., bas. rac.
519. Il Decameron di G. Boccacci alla sua vera lettione ridotto da Lion. Salviati. *Venetia*, 1614, pet. in-4, fig. en bois, v. f., fil.
520. Il Decameron di G. Boccaccio tratto dall' ottimo testo scritto da Fr. d'Amoretto Manelli sull' originale dell' autore, 1761, gr. in-4, br. en cart.
521. Decamerone di G. Boccaccio. *Londra, Nourse*, 1762, gr. in-4, v., fil. et dent.
522. Il Decamerone di G. Boccaccio. *Amst. (Italia)*, 1789, in-8, 2 vol., d.-rel.
523. Istoria del Decamerone di G. Boccaccio, scritta da Dom. M. Manni. *Firenze*, 1742, in-4, v. éc., fil., tr. dor.
524. Novelle di Franco Sacchetti. *Firenze*, 1725, gr. in-8, 2 part. en 1 vol., v. m. — Novelle di Giraldo Giraldi. *Amsterd. (Italia)*, 1796, in-8, bas. gr.
525. Le Novelle del Bandello. *Londra, Bancker*, 1791-93, pet. in-8, 9 vol., bas. rac., fil.
526. I Diporti di Gir. Parabosco. *Milano*, 1814, in-18, br. — La prima e la seconda cena, novelle di Ant.-Fr. Grazzini detto il Lasca, con una novella della terza cena. *Londra (Italia)*, 1756, in-12, v. m.
527. Gli Hecatommithi di G.-B. Giraldi Cinthio. *Vinegia*, 1566, in-4, 2 part. en 1 vol., vél.
528. Della Metamorfosi, cioè trasformazione del virtuoso, libri IV di Lorenzo Selva. *Firenze, Fil. Giunti*, 1598, pet. in-8, v. f., fil., tr. dor.
529. Dialogo de' giuocchi che nelle vegghie sanesi si usano di fare, del Materiale Intronato (Girolamo Bargagli). *Venetia*, 1575, pet. in-8, v. m. — Giuoco piacevole d'Ascanio Pipino de mori da ceno. *Mantova*, 1575, pet. in-4, parch.
530. Le Otto giornate del fuggilozio di Tom. Costo. *Ve-*

netia, 1620, pet. in-8, v. j. — L'Arcadia in Brenta overo la melanconia sbandita, di Ginnesio Gavardo Vacalerio. *Colonia*, 1667, pet. in-12, bas.

530 *bis*. Histoire de D. Quichotte, trad. de l'espag. de Mich. de Cervantes (par Filleau de Saint-Martin). *Paris*, 1752, in-12, 6 vol. br.

531. Il nuovo Robinsone ridotto in forma di dialogo, di Enr. Campe, trad. in italiano da Gio. Zanobetti. *Livorno*, 1816, in-8, 3 tom. en 2 vol., br.

532. Viaggio sentimentale di Yorick (Sterne) lungo la Francia e l'Italia, traduzione di Didimo Chierico. *Pisa*, 1813, gr. in-12, pap. vél., br.

VII. FACÉTIES, DISSERTATIONS SINGULIÈRES ET SATIRIQUES.

533. Le Sottilissime astuzie di Bertoldo dove si scorge un villano accorto e sagace, opera di G.-C. della Croce. *Milano*, 1728, in-12, rel. en cart.

533 *bis*. Cherebizzi di Andrea Calmo, ne' quali si contengono varii et ingeniosi discorsi et fantastiche fantasie filosofiche, compresi in piu lettere vulgari, nella lingua antica dechiarati. — Il residuo delle lettere facete, amorose et piacevoli del medesimo, ne la vulgar antiqua lengua veneta. — Cherebizzi del medesimo, il rimanente delle piacevoli et ingeniose lettere. — Cherebizzi, supplimento. *Trevigi*, 1601, pet. in-8, parch.

534. La Fiametta, opera chiamata fiametta amorosa, di G. Boccaccio, per Tizzone Gaetano di Pofi reformata. *Vinegia*, 1534, pet. in-8, v. br. — Laberinto d'amore di G. Boccaccio. *Vinegia*, 1583, pet. in-12, v. m.

535. L'Amorosa fiametta di Giov. Boccaccio. *Venetia*, 1620, pet. in-12, v. m. — Gli Asolani di P. Bembo, con alcune altre sue stanze (*senza luogo ne anno*). Pet. in-8, d.-rel.

535 *bis*. Gli Asolani di P. Bembo, con gli argomenti e le postille fatte da Tomaso Porcacchi da Castiglione. *Venetia*, 1607, pet. in-12, v. f., fil. — Dialoghi di Lod. Dominichi, cioè d'Amore, de' Rimedi d'amore, dell'Amor fraterno, della Fortuna, della vera Nobilta. *Vinegia*, 1562, pet. in-8, bas.

536. Gli Asolani di P. Bembo, con gli argomenti e con le postille di Tom. Porcacchi. *Verona*, 1743, in-8, bas. m. — La Zucca del Doni, espurgata, corretta, riformata da

Ieronimo Giannini da Capugnano. *Venetia*, 1607, pet. in-8, vél.

537. La prima parte de ragionamenti di Pietro Aretino. — Commento di Ser Agresto da Ficarvolo sopra la prima ficata del padre Siceo, con la diceria de nasi, 1584, pet. in-8, v. br.

<small>Edition de 29 lignes.</small>

538. Ragguagli di Parnaso, di Traj. Boccalini; aggiuntovi 50 ragguagli di Gir Briani. *Venetia*, 1675, in-8, 3 part. en 1 vol., parch.

539. Il Divortio celeste cagionato dalle dissolutezze della sposa romana et consacrato alla simplicita de' scropolosi christiani. *Ingolstatt, Arlstozz*, 1643, pet. in-12, v. f., fil. — Il Nepotismo di Roma, 1667, pet. in-12, 2 vol., v. f., fil.

540. Il Vaticano languente dopo la morte di Clemente X, con i remedii preparati da Pasquino e Marforio per guarirlo. 1677, pet. in-12, 3 vol., v. br.

541. La Secretaria di Apollo che segue gli ragguagli di Parnaso del Boccalini. *Amst. (Elzev.)*, 1653, in-12, vél.

VIII. Philologues. — Polygraphes. — Épistolaires.

542. De la manière d'enseigner et d'étudier les belles-lettres par rapport à l'esprit et au cœur, par Rollin. *Paris*, 1728, in-12, 4 vol., v. br.

543. Discorsi di G.-B. Giraldi Cinthio intorno al comporre de i romanzi, delle commedie, delle tragedie e di altre maniere di poesie. *Vinegia*, 1554, pet. in-4, v. f.

544. Bibliopea o sia l'arte di compor libri di Carlo Denina. *Torino*, 1776, gr. in-8, br. — Saggi sulla filosofia delle lingue e del gusto (da Cesarotti). *Pisa*, 1800, pet. in-8, br.

545. Ensayo historico-apologetico de la litteratura espanola contra las opiniones preocupadas de alcunos escritores modernos italianos. Dissertaciones del Ab. don Xavier Lampillas, trad. del italiano por dona Josefa Amer y Borbon. *Madrid*, 1784-1789, pet. in-4, 7 vol., vél.

546. Farfalloni de gli antichi historici notati dall' abb. don Secondo Lancellotti, dal suo fratello mandati in luce. *Venetia*, 1636, pet. in-8, v. éc., fil.

547. Lettere di Apostolo Zeno. *Venezia*, 1754, in-8, 3 vol. v. m.

548. Opere di Giuseppe Baretti, scritte in lingua italiana. *Milano*, 1813, gr. in-8, 3 vol., br.
549. Opere del conte Giulio Perticari. *Milano*, 1823, in-12, 2 vol., br.
550. I Ragionamenti, overo colloqui famigliari di Des. Erasmo di latino in volgare. *Vinegia, V. Valgrisi*, 1549, pet. in-8, v. br. — Apoftemmi di Plutarco, motti arguti..., trad. in lingua toscana per G. Bern. Gualandi. *Vinegia*, 1567, pet. in-4, parch.
551. Dialogi di Speron Speroni di nuovo ricorretti. *Venetia*, 1596, pet. in-4, v. f., fil.
552. Cincq dialogues faits à l'imitation des anciens, par Orat. Tubero (Lamotte Levayer). *Mons (Holl., Elzev.)*, 1673, pet. in-12, v. br.
553. Le Opere di Luciano volgarizzate da Gugl. Manzi. *Losanna*, 1819, in-8, 3 vol., br.
554. De Marmontel : Bélisaire, *Paris*, 1767, fig., bas. — Contes moraux, 1802, 3 vol.; — Nouveaux contes moraux, 1801, 4 vol.: ces 7 vol. cart. à la Bradel; — Mélanges (posthumes), 1806, 1 v., br. enc.; les 9 vol. in-12.
555. La Fiammetta di G. Boccaccio; — Il Corbaccio; — Lettere; — Testamento del medesimo; — Vita di Dante Alighieri per Boccaccio. *Parma, co' Caratteri de' fratelli Amoretti*, 1800-1801, gr. in-8, 5 vol., br.
556. Tutte le opere di Nic. Machiavelli. *Geneva*, 1550, in-4, 5 part. en 2 vol., v. br.
557. Opere di Nic. Machiavelli, 1796-1798, in-8, 8 vol., br.
558. Opere di Sperone Speroni degli alvarotti, tratte da' mss. orig. *Venezia*, 1740, in-4, 5 vol., br. en cart.
559. Le Prose di Torq. Tasso. *Venetia*, 1612, pet. in-12, 5 part. en 2 vol., v. f., fil.
560. Opere di F. Paolo Sarpi servita. *Helmstat (in Italia)*. 1761-1765, 6 vol. — Supplimento. *Verona*, 1768, 2 vol.; les 8 vol. in-4, br. en cart.
561. Opere del conte Algarotti. *Cremona*, 1778-1784, in-8, 10 tom. en 5 vol., bas. m.
562. Le ville Lucchesi con altri opuscoli in versi ed in prosa di Filandro Cretense pastor arcade (Ant. Cerati). *Parma, stamp. reale*, 1784, in-8, pap. de Holl., br.
563. Opere varie filosofico-politiche in prosa e in versi di Vittorio Alfieri. *Parigi*, 1800, in-12, 4 vol. br.

564. Le Stesse opere. *Milano*, 1802, in-8, 3 vol., br.
565. Opere postume di Vitt. Alfieri. *Londra*, 1804, in-8, 13 vol., br.
566. Lettere di Alcifrone trad. dal greco per Fr. Negri. *Milano*, 1806, in-8, br. — Le epistole famigliari di Cicerone gia tradotte et hora corrette da Aldo Manutio. *Venezia*, 1736, pet. in-8, 2 vol., v. j.
567. Le Pistole di Cicerone ad Attico, fatte volgari da M. Matteo Senarega. *Vinegia, Aldo,* senza anno, pet. in-8, v. br. — Le Pistole di Seneca ridotte nella lingua toscana per il Doni. *Vinegia*, 1549, pet. in-8, v. éc., fil., tr. dor.
568. L'Epistole di Cicerone a' famigliari in volgar toscano recate a riscontro del testo latino, con note per Aless. M. Bandiera de' servi di Maria Sanese... *Venezia*, 1783, pet. in-8, 3 vol., vél.
569. Lettere di P. Bembo. *Verona*, 1743, in-8, 5 tom. en 3 vol., vél.
570. Lettere del card. Gio. de Medici, figlio di Cosimo I, estratte da un codice ms. da G.-B. Catena. *Roma*, 1752, in-4, bas. m.
571. Lettere di M. Pietro Aretino. *Parigi*, 1609, pet. in-8, 6 vol., v. j.
572. Lettere famigliari del commend. Annibal Caro. *Venezia, Remondini*, 1763, pet. in-8, 3 vol., parch.
573. Lettere famigliari d'alcuni Bolognesi del nostro secolo. *Venezia*, 1778, in-12, 2 vol., cart. à la Bradel, rognés. — Lettere famigliari del conte Lor. Magalotti e di altri insigni uomini a lui scritte. *Firenze*, 1769, in-8, 2 tom. en 1 vol., v. j., fil.

HISTOIRE.

I. Géographie, Voyages, Histoire des Religions.

574. Dizionario geografico. *Torino*, 1793, in-8, 2 vol., br.
575. Voyage pittoresque et navigation sur une partie du Rhône réputée non navigable..., par Boissel. *Paris*, an III, in-4, br.
576. Voyage en Italie, par Duclos. *Paris*, 1791, in-8, br. — Lettere d'un vago italiano ad un suo amico (del P. Caimo). *Pitburgo*, s. a., in-8, br. en carton.
577. Voyage en Portugal dans les années 1789 et 1790,

traduit de l'angl. de Jacq. Murphy. *Paris*, 1797, in-8, fig., 2 vol. br.

578. Relation nouvelle d'un voyage à Constantinople, par Grélot. *Paris*, 1680, in-4, v. br.

579. Avventure e osservazioni di Filippo Pananti sopra le coste di Barberia. *Milano*, 1817, in-12, 3 vol., br.

580. La Istoria universale provata con monumenti e figurata con simboli degli antichi, opera di Franc. Bianchini. *Roma*, 1747, in-4, fig., vél.

581. Historia sacra intitolata mare Oceano di tutte le religioni del mondo composta da D. Silv. Maruli o Mavrolico messinese. *Messina*, 1613, pet. in-fol., d.-rel.

582. Storia critico-cronologica de' romani pontefici e de' generali e provinciali concilj, scritta da Gius. Ab. Piatti, con indice generale. *Napoli*, 1765-1768, in-4, 13 tom. en 12 vol., v. m.

583. Batt. Platina delle vite de pontefici. *Venetia, Barrezzi*, 1643, in-4, fig., v. br. — Vite, overo fatti memorabili d'alcuni papi e di tutti i cardinali passati, di Hier. Garimberto. *Vinegia, G. G. de Ferrari*, 1568, in-4, parch.

584. Le Vite de pontefici di Ant. Ciccarelli, con l'effigei di G.-B. de Cavallieri. *Roma, dom. Basa*, 1588. = Luitprandi opusculum de vitis romanorum pontificum. *Moguntiæ, Albinus*, 1602, in-4, fig., v. br.

585. Conclavi de pontefici romani. (*Olland., Elzev.*), 1668, pet. in 12, vél.

586. Un vol. in-4, ms. sur papier, br. en carton, contenant :

<small>Discorso istorico, politico o legale o sij instruzzione al sac. collegio de SSi. cardinali per il futturo conclave cioè come debbausi regolare nell' eleggere soggetto atto a regere il pontificato. — Conclave (Relazione delle 26 settimane del) doppo la morte del pontefice Clemente XII Corsini, 1640. — Diversi biglietti scritti nel detto conclave.</small>

587. Lettera di fra Guidone Zoccolante a frate Zaccaria gesuito nella quale si dimostra chi sieno que' religiosi che si debbono chiamar frati. *Cosmopoli*, 1751. = Lettera seconda in cui ragionasi della proibizione della biblioteca gienseniana. *Filippopoli*, 1757. = Lettera terza la quale serve d'apologia al segretario della congregazione dell' indice. *Nicopoli*, 1757, pet. in-8, vél.

588. Professione di fede scritta da Pietro Giannone al P.

Sanfelice gesuita, con l'abjura dello stesso autore fatta in Torino, in quella sacra inquisizione. In-4, vél.
<small>Ms. exécuté en Italie dans le siècle dernier.</small>

589. Compendio di Caravita, in cui si raccolgono li statuti ed ordinazioni capitolari, con varie annotazioni, cavate dalle decisioni della sacra Rota e dalle sentenze e decreti del venerando consiglio. In-4, vél.
<small>Manuscrit sur pap.</small>

590. Il perfetto Leggendario della vita e fatti di N. S. Giesu' Cristo e di tutti i santi, raccolto da gravi autori, e dato in luce da Alf. Vigliegas Sotto, trad. della spagn. in lingua italiana. *Venezia*, 1726, in-4, fig., parch.

591. Vite de' Santi raccolte da quelle del P. Ribadeneira e di alcuni altri auttori, da Lud. di santa Cecilia. *Roma*, 1634, in-8, parch.

592. Historia delle sante Vergini romane, con varie annotationi.... di Ant. Gallonio. *Roma*, 1591, in-4, fig., v. f., fil. — Trattato de gli instrumenti di martirio e delle varie maniere di martoriare, usate da' gentili contra christiani, descritte et intagliate in rame, opera di Ant. Gallonio. *Roma*, 1591, in-4, v. f., fil.

593. Breve e divota notizia della vita, martirio, virtu, e miracoli di alcuni santi dell'Anfiteatro Flavio detto il Colosseo, data in luce dal P. Fr. Rovira Bonet. *Roma*, 1759, in-8, fig., br.

594. Notizie della santa casa della Maria Vergine adorata in Loreto. *Ancona*, 1739, in-12, fig., br. en cart.

II. HISTOIRE ANCIENNE, GRECQUE ET ROMAINE.

595. Le opere di Senofonte, trad. dal greco da M. Ant. Gandini con alcune annotationi. *Venetia*, 1588, pet. in-4, vél.

596. Le Deche di T. Livio, delle historie romane, trad. nella lingua toscana da Jac. Nardi. *Venetia*, 1674, in-fol., vél.
<small>Titre à la main, d'une jolie écriture imitant l'impression.</small>

597. Appiano Aless. delle guerre civili de Romani, trad. da Aless. Braccio. *Vinegia, P. di Nicolini da Sabbio*, 1538, pet. in-8, parch. — Polibio tradotto da Lod. Domenichi. *Vinegia, Gabr. Giolito de Ferrari*, 1545, pet. in-8, 2 tom. en 1 vol., v. éc., fil., tr. dor. (*Le titre*

manque.) — Salustio con alcune belle cose volgareggiato per Agostino Ortica de la Porta. *Vinegia, Zorzi di Rusconi*, 1518, pet. in-8, rel.

598. La congiura di Catilina, scritta da Salustio e volgarizzata da Fr.-Eug. Guasco, con le note. *Napoli*, 1760, in-4, vél.

599. Annali et Istoria di G.-C. Tacito con le due operette de Costumi de Germani e della Vita d'Agricola, trad. in vulgar senese da Adr. Politi. *Roma*, 1611, in-4, v. f. — Discorsi di Scip. Ammirato sopra Cornelio Tacito. *Fiorenza, Fil. Giunti*, 1594, in-4, parch.

600. Di Dione delle guerre romane libri XXII, trad. del gr. in toscano per Nic. Leoniceno. *Vinegia, Giov. de Farri*, 1542, pet. in-8, parch. — Herodiano delle vite imperiali, tradotte di gr. per Lelio Carani. *Vinegia, G.-G. de' Ferrari*, 1552, pet. in-8, parch.

601. Le vite di tutti gl' imperadori da G. Cesare, insino a Massimiliano, tratte per Lod. Dolce dal libro spagnuolo del cav. P. Messia. *Vinegia, G.-G. de' Ferrari*, 1561, in-4, parch.

602. L'Historie di Paolo Diacono de i fatti de' romani imperatori nuovamente tradotte di latino in italiano. *Venetia*, 1547. = Paolo Diacono della chiesa d'Aquilea della origine et fatti de i re longobardi, trad. per Lod. Domenichi. *Vinegia*, 1548, pet. in-8, vél.

III. Histoire d'Italie.

603. Descrittione di tutta Italia, di F. Leandro Alberti. *Bologna*, 1550, in-fol., parch.

604. Description historique et critique de l'Italie, par l'ab. Richard. *Paris*, 1769, in-12, 6 vol., br.

605. Itinerario d'Italia, di Franc. Scotto. *Roma*, 1761, in-8, fig., pap. vél. — Lettres historiques et critiques sur l'Italie, de Ch. de Brosses... *Paris*, an VII, in-8, 3 vol., br.

606. Della istoria d'Italia di Fr. Guicciardini libri XX. *Venezia*, 1738, in-fol., 2 vol., v. m.

607. Istoria d'Italia di Franc. Guicciardini. *Friburgo*, 1775-1776, in-4, 4 vol., v. rac., fil.

608. Delle rivoluzioni d'Italia libri XXIV, di Carlo Denina. *Venezia*, 1803-1804, in-8, 5 vol., br.

609. Nuovo progetto d'una riforma d'Italia osia dei mezzi di liberar l'Italia della tirannia de' pregiudizj e della superstizione. *Londra*, 1786, in-12, 3 vol., br., rognés.
610. Roma ristaurata et Italia illustrata di Biondo da Forli. *Venetia*, 1543, pet. in-8, parch. — Descrizione di Roma e dell' agro romano, dal P.-Franc. Eschinardi. *Roma*, 1750, pet. in-8, fig., vél. — La Citta di Roma, ovvero breve descrizione di questa superba città. *Roma*, 1779, in-12, avec cartes, br. en cart.
611. La ville de Rome, ou Description abrégée de cette superbe ville, ornée de 425 pl. en taille-douce. *Rome*, 1778, in-fol., 4 vol., d.-rel., non rognés.
612. Numismata summorum pontificum Templi vaticani fabricam indicantia, chronologica ejusdem fabricae narratione explicata à P.-Phil. Bonanni. *Romæ*, 1696, in-fol., fig., vél.
613. Templum vaticanum et ipsius origo, cum ædificiis maxime conspicuis, editum a Car. Fontana..., opus latinis literis consignatum à Joa.-Jos. Bonnerue de S.-Romain. *Romæ*, 1694, gr. in-fol., fig., 1 tom. en 2 vol., d.-rel.
614. Sagrestia vaticana eretta dal regnante P. Pio VI, e descritta da Franc. Cancellieri. *Roma*, 1784, gr. in-8, br.
615. Descrizione del Palazzo apostolico vaticano, opera postuma d'Agost. Taja. *Roma*, 1750, pet. in-8, vél. — Nuova descrizione del Vaticano, osia della S.-S. Basilica di S. Pietro da G.-P. Chattard. *Roma*, 1762, in-12, fig., 2 vol., vél.
616. Venetia descritta da Fr. Sansovino con aggiunte da Giust. Martinioni. *Venetia*, 1663, in-4, br. en cart. — Historia de principi di Este, di G.-B. Pigna. *Vinegia*, 1572, in-4, parch.
617. Le Cose maravigliose et notabili della città di Venetia, da Leon. Goldioni. *Venetia*, 1624, pet. in-8, v. f. — Il Ritratto di Venezia, da Domen. Martinelli. *Venetia*, 1684, pet. in-12, br. en cart. — Foresticre illuminato intorno le cose più rare, e curiose, antiche e moderne della città di Venezia, e dell' isole circonvicine..., da G.-B. Albrizzi. *Venetia*, 1740, pet. in-8, fig., v. m.
618. Notizie storiche, topografiche e religiose della Valsu-

gana, di primiero raccolte e compilate da Gius.-Andr. Montebello. *Roveredo*, 1793, in-8, bas.
619. Il Ritratto di Milano, colorito da Carlo Torre. *Milano*, 1714, in-4, fig., d.-rel.
620. Nuova Guida di Milano. *Milano*, 1795, pet. in-8, rel. en cart. — Nuova Guida per la città di Torino, opera di Onor. De Rossi. *Torino*, 1781, in-12, br. — Description des beautés de Gênes et de ses environs. *Gênes*, 1768, in-8, br. en cart.
621. Storia fiorentina, di Bened. Varchi. *Colonia*, 1721, in-fol., vél.
622. Descrizione della cappella di S. Antonio arciv. di Firenze da Alam. Salviati. *Firenze*, 1738, gr. in-fol., fig., vél.
623. L'Osservatore fiorentino sugli edifizi della sua patria, per servire alla storia della medesima. *Firenze*, 1776-1778, 2 tom. en 6 vol., in-12, br.
624. Le Bellezze della città di Firenze, da Fr. Bocchi e da G. Anelli ampliate. *Firenze*, 1677, in-8, v. éc. — Ristratto delle cose più notabili della città di Firenze, da Jac. Carlieri. *Firenze*, 1767, pet. in-12, br. en cart. — L'Antiquario fiorentino. *Firenze*, 1781, pet. in-8, d.-rel.
625. Ristretto delle cose più notabili della città di Siena, ricorretto e accresciuto. *Siena*, 1761, pet. in-12, fig., br. en cart. — Breve relazione delle cose notabili della città di Siena, ampliata da G. Faluschi. *Siena*, 1784, in-12, br. en cart.
626. Descrittione del regno di Napoli, di Scipione Mazella. *Napoli, Capello*, 1601, in-4, fig., parch. — Compendio dell'istoria del regno di Napoli di Pandolfo Collenuccio, di Mambrino Rosco et di Tom. Costo. *Venetia*, 1613, in-4, 2 part. en 1 vol., v. br.
627. Breve descrizione della città di Napoli e del suo contorno. *Napoli*, 1792, in-8, br. en cart. — La Guida de' forestieri in Pozzuoli, Baja, Cuma, Miseno, Gaeta, ed altri luoghi circonvicini, da Pompeo Sarnelli. *Napoli*, 1769, pet. in-12, fig., br. en cart.
628. Descrizione istorica del monasterio di Monte Casino. *Napoli*, 1751, in-4, br. en cart.

IV. Histoire de France.

629. Historia delle cose di Francia, raccolte da P. Emilio di Verona, e recata dalla latina in nostra lingua volgare. *Venetia, M. Traduzzino,* 1549, in-4, parch.—De l'Office des rois d'armes, des hérauds et des poursuivans, de leur antiquité..., par M. Vulson de la Colombière. *Paris,* 1645, in-4, parch.

630. Historia delle guerre civili di Francia di H. Cat. Davila, con le annotationi di G. Balduino. *Venetia,* 1733, in-fol., 2 vol., rel.

631. Introduction à la description de la France et au droit public de ce royaume, et Description de la France, par Piganiol de la Force. *Paris,* 1752-1754, in-12, fig., 15 vol., v. m.

632. Les Antiquitez et recherches des villes, chasteaux et places plus remarquables de toute la France, par André du Chesne, augm. par Franc. du Chesne. *Paris,* 1647, pet. in-8, v. m.—Les Antiquités et choses plus remarquables de Paris, recueillies par F. Bonfons, augmentées par Jacq. du Breuil. *Paris,* 1608, pet. in-8, fig., v. br.

633. Recueil de divers écrits, pour servir d'éclaircissemens à l'histoire de France et de supplément à la notice des Gaules, par l'ab. Lebeuf. *Paris,* 1738, in-12, fig., 2 vol., d.-rel.—Dissertations sur l'histoire ecclésiastique et civile de Paris..., par le même. *Paris,* 1739, in-12, fig., v. br. (tom. Ier.)

634. Histoire de la ville et de tout le diocèse de Paris, par l'ab. Lebeuf. *Paris,* 1754-1757, in-12, 15 vol., v. m.

635. Le Théâtre des antiquitez de Paris, par Jacq. du Breuil. *Paris,* 1639, in-4, fig., v. br.

636. Description de la ville de Paris, par G. Brice. *Paris,* 1752, in-12, fig., 4 vol., v. m.

637. Description historiq. de la ville de Paris et de ses environs, par Piganiol de la Force. *Paris,* 1765, in-12, fig., 10 vol., v. m.

638. Nouv. description des châteaux et parcs de Versailles et de Marly, par Piganiol de la Force. *Paris,* 1751, in-12, fig., 2 vol., v. m.—Voyage pittoresque de Paris,

par D***. d'Argenville. *Paris*, 1778, in-12, fig., v. m. — Voyage pittoresque des environs de Paris, par le même. *Ibid.*, 1762, in-12, v. m. — Nouvelle description des curiosités de Paris, par M. J.-A. Dulaure. *Paris*, 1786, pet. in-12, 2 tom. en 1 vol., v. m.

639. Guide des amateurs et des étrangers voyageurs à Paris, par Thierry. *Paris*, 1787, in-12, fig., 2 vol., bas. m. — Guide des amateurs et des étrangers voyageurs dans les maisons royales, châteaux.... aux environs de Paris. *Paris*, 1788, pet. in-12, 2 tom. en 1 vol., v. m.

640. Description de la nouvelle église de l'Hostel roy. des Invalides, par Félibien des Avaux. *Paris*, 1706, pet. in-12, fig., v. br. — Calendrier histor. et chronologique de l'Église de Paris, par Lefèvre. *Paris*, 1747, in-12, v. m. — Description des curiosités des églises de Paris et des environs, par Lefèvre. *Paris*, 1759, et autres pièces dans le même vol., in-12, v. m. — Description histor. des curiosités de l'Église de Paris, par C.-P. G. (Gueffier). *Paris*, 1763, in-12, fig., v. m.

641. Le Trésor des merveilles de la maison royale de Fontainebleau, par le P. P. Dan. *Paris*, 1642, in-fol., fig., v. m.

642. Description historique des château, bourg et forest de Fontainebleau, par l'abbé Guilbert. *Paris*, 1731, in-12, fig., 2 vol., v. f. — Description ou abrégé historique de Compiègne, avec le guide de la forêt. 1769, in-12, v. m.

643. Tableau de la ci-devant province d'Auvergne, par Rabani-Beauregard, avec l'explication des monumens et antiquités, par Gault. *Paris*, 1802, in-8, fig., br. — L'Histoire de la ville de Nismes et de ses antiquités, par H. Gautier. *Paris*, 1720, in-8, fig., v. br.

644. Antiquitez profanes et sacrées de la ville de Lyon, avec quelques singularitez remarquables, recueillies par le P. De Colonia, avec des notes. *Lyon*, 1701, in-4, fig., mar. r., fil., tr. dor.

645. Galliæ antiquitates quædam selectæ atque in plures epistolas distributæ (per Sc. Maffeum). *Parisiis*, 1733, in-4, fig., rel. en cart.

V. Histoire des autres Peuples d'Europe et hors d'Europe.

646. Historia della guerra di Flandria descritta dal card. Bentivoglio. *Venetia*, 1661, pet. in-4, 3 tom. en 1 vol., vélin.

647. Descrizione odeporica della Spagna in cui spezialmente si dà notizia delle cose spettanti alle belle arti degne dell'attenzione del curioso viaggiatore; di D.-Ant. Conca. *Parma, stamp. r.*, 1793, gr. in-8, 4 vol., d.-rel.

648. Un vol. in-8, d.-rel., contenant :
Esposizione dei fatti e maneggi che hanno preparata la usurpazione della corona di Spagna da Cevallos, con un supplimento. *Palermo*, 1814. — Storia della gloriosa difesa fatta dagli Spagnuoli contro le armate di Napoleone, trad. dallo Spagnuolo da Masdeu, 1814. — La campagna in Portogallo nel 1810 e 1811, opera stampata a Londra, quale era proibito di lasciar penetrare in Francia sotto pena di morte. *Milano*, 1814.

649. Lettere sopra alcune particolarità della Baviera ed altri paesi della Germania. *Lucca*, 1763, in-8, br. en cart., rogné. — Description de la ville de Dresde; par J.-A. Lehninger. *Dresde*, 1782, pet. in-8, d.-rel., non rogné.

650. Ricerche istoriche su la conoscenza che gli antichi ebbero dell'India..., da G. Robertson, trad. in ital. da Angelo Guerrini. *Napoli*, 1793, in-8, 2 vol., d.-rel.

651. Evénemens historiques, intéressans, relatifs au Bengale et à l'empire de l'Indostan, par Holwell, et trad. de l'angl. *Paris*, 1768, in-8, v. m. — Lettres au P. Parrenin, contenant diverses questions sur la Chine, par Dortous de Mairan. *Paris, I. R.*, 1770, in-8, d.-rel.

652. Ath. Kircheri China monumentis qua sacris, qua profanis, nec non variis naturæ et artis spectaculis illustrata. *Amst.*, 1667, in-fol., fig., v. br.

653. Storia di America da G. Robertson, trad. dall'orig. inglese da Ant. Pillori. *Firenze*, 1777, in-12, 4 vol., v. rac., fil., tr. dor.

VI. Histoire héraldique et chevaleresque.

654. Nouvelle méthode raisonnée du blason, par le P. Menestrier. *Lyon*, 1770, in-8, fig., v. m.

655. Della origine et de' fatti delle famiglie illustri d'Italia, di Fr. Sansovino. *Vinegia*, 1609, in-4, parch.

656. L'Historia di casa Orsina di Franc. Sansovino, con quattro libri de gli huomini illustri della famiglia. *Venetia*, 1565, pet. in-fol., portr., v. br.
657. Della origine de' cavalieri di Franc. Sansovino. *Vinegia*, *Altobello Salicato*, 1583. = Annali veneti di Jul. Faroldo. *Vinegia*, *Giov. Varisco*, 1577, pet. in-8, parch.
658. Serie cronologiche della vera origine di tutti gl' ordini equestri, religiosi, e cavallereschi, da Bern. Giustiniano. *Venetia*, 1672, in-4, fig., vél.
659. Duello, libro de re, imperatori, principi, signori, gentil'homini et de tutti armigeri, continente disfide, concordie, pace, casi accadenti et judicii con ragione, exempli et authoritate de poeti, hystoriographi, philosophi ecc. *Venetia*, 1521, pet. in-8, vél.

VII. Antiquités.

660. Explication de divers monumens singuliers qui ont rapport à la religion des plus anciens peuples......, par D***. (Martin). *Paris*, 1739, in-4, fig., d.-rel., non rogné.
661. Pompe funebri di tutte le nationi del mondo raccolte dalle storie sagre e profane, da Fr. Perucci. *Verona*, s. a., in-4, obl., fig., v. br.
662. I riti funebri di Roma pagana, descritti da Franc.-Eug. Guasco. *Lucca*, 1758, in-4, br.
663. Delle cose gentilesche e profane trasportate ad uso, e ad ornamento delle chiese, opera di G. Marangoni. *Roma*, 1744, in-4, vél.
664. Oct. Ferrarii de re vestiariâ libri VII. *Patavii, Frambottus*, 1654, in-4, fig., v. f., fil. — Ejusd. Analecta de re vestiariâ: accessit dissertatio de veterum lucernis sepulchralibus. *Ibid.*, 1670, in-4, v. br. — Alberti Rubenii Petri Pauli F. de re vestiaria veterum, præcipuè de lato clavo, libri II. *Antuerpiæ*, 1665, in-4, fig., v. br.
665. Romanarum antiquitatum libri X ex variis scriptoribus collecti a Joa. Rosino. *Lugduni*, 1609, pet. in-4, fig., parch.
666. Le maschere sceniche e le figure comiche d'antichi

Romani descritte brevemente da Franc. de' Ficoroni. *Roma*, 1736, in-4, fig., vél.

667. Delle ornatrici e de' loro uffizi ed insieme della superstizione de' gentili nella chioma e della cultura della medesima presso le antiche Donne Romane, opera del March. Fr.-Eug. Guasco. *Napoli*, 1775, in-4, fig., br. en carton, rogné.

668. Ichnographia veteris Romæ XX tabulis comprehensa, cum notis Jo.-P. Bellori; accesserunt aliæ sex tabulæ ineditæ cum notis. *Romæ*, 1764, in-fol., d.-rel.

669. Osservazioni di Franc. de' Ficoroni, sopra l'antichita di Roma, descritte nel Diario italico, pubblicato da Bern. de Montfaucon. *Roma*, 1709, in-4, fig., br. en carton.

670. Le vestigia e rarità di Roma antica ricercate e spiegate da Fr. de' Ficoroni. *Roma*, 1744, in-4, fig., vél.

671. Roma antica di Famiano Nardini, con note ed osservazioni storico-critiche. *Roma*, 1771, pet. in-8, 4 vol., br.

672. Roma sotterranea, opera postuma di Ant. Bosio. *Roma*, 1650, in-4, fig., v. br.

673. Gli antichi sepolcri, ovvero Mausolei romani ed etruschi, trovati in Roma ed in altri luoghi celebri...., raccolti, disegnati, ed intagliati de Pietro Santi Bartoli. *Roma*, 1768, in-fol., d.-rel.

674. Descrizione dei Circhi particolarmente di quello di Caracalla, e dei giuochi in essi celebrati, opera postuma di G.-Lod. Bianconi, e corredata di tavole in rame e della versione francese. *Roma*, 1789, gr. in-fol., d.-rel.

675. De gli Anfiteatri e singolarmente del Veronese libri due. *Verona*, 1728, pet. in-12, vél.

676. L'Anfiteatro Flavio descritto e delineato da C. Fontana. *Haia*, 1725, gr. in-fol., fig., v. éc., fil.

677. Descrizione delle prime scoperte dell' antica citta d'Ercolano..., da Marcello Venuti. *Roma*, 1748, in-4, v. m.

678. Observations sur les antiquités d'Herculanum........, par Cochin et Bellicard. *Paris*, 1755, in-12, v. m., fil. — Recherches sur les ruines d'Herculanum, par Fougeroux de Bondaroy. *Paris*, 1770, pet. in-8, fig., br.

679. De sacris ædificiis à Constantino magno constructis, synopsis historica Joa. Ciampini. *Romæ*, 1693, in-fol., fig., v. m.

680. Jos. Alex. Furietti de Musivis. *Romæ*, 1752, in-4, fig., rel. en carton.

681. Vetera monumenta quæ in hortis cœlimontanis et in ædibus Matthæiorum adservantur, nunc primum in unum collecta et adnotationibus illustrata a Rod. Venuti et a Joh. Christophoro Amaduzio. *Romæ*, 1779, gr. in-fol., fig., 3 vol., br.

682. Romanum Museum, sive Thesaurus eruditæ antiquitatis in quo gemmæ, idola, insignia sacerdotalia.... 170 tabulis æneis incisa referuntur ac dilucidantur, curâ, studio et sumptibus Mich.-Ang. Causei de la Chausse. *Romæ*, 1690, in-fol., fig., v. br.

683. Emundi Frigelii de statuis illustrium Romanorum liber singularis. *Holmiæ*, 1656, pet. in-8, d.-rel.

684. Sur la statue antique de Vénus Victrix, découverte dans l'île de Milo en 1820, et sur la statue antique connue sous les noms de l'Orateur, de Germanicus et d'un personnage romain en Mercure, par M. de Clarac. *Paris*, 1821, gr. in-4, fig., br. — Lettera di Ant. Guattani al sign. Leone Dufourny, sopra un' antica figulina. *S. a.*, in-4, br.

685. In perantiquam sacram tabulam græcam insigni sodalitio Sanctæ Mariæ Caritatis Venetiarum a cardinali Bessarione dono datam dissertatio (autore J.-B. Schioppalalba). *Venetiis*, 1767, gr. in-4, fig., rel. en cart.

686. Osservazioni istoriche di Domen. Manni, sopra i sigilli antichi de' secoli bassi. *Firenze*, 1739-1743, in-4, fig., 10 tom. en 5 vol., d.-rel.

687. Ristretto istorico dell' origine degli abitanti della campagna di Roma, de' suoi re, consoli, dittatori, delle medaglie, gemme, intagli d'imperadori, imperadrici, donne Auguste e de' tiranni sino a Postumo, con la rarità e prezzo delle medesime e col vero modo di conoscere le vere dalle false con la spiegazione delle abbreviature di dette medaglie, di Ottavio Liguoro, aggiuntovi un catalogo degl' autori che hanno fin' ora scritto sopra le medaglie delle famiglie e imperadori romani. *Roma*, 1753, pet. in-8, rel. en carton.

(69)

688. Introduction à la science des médailles, par D. Th. Mangeart. *Paris*, 1763, in-fol., fig., v. m.

689. Dialoghi di D.-Ant. Agostini sopra le medaglie, inscrizioni ed altre antichita, tradotti dalla lingua spagnuola nell' italiana da Dion. Ottav. Sada e dal medesimo accresciuti con diverse annotazioni istoriche e con molte medaglie. *Roma*, 1736, in-fol., fig., vél.

690. Prontuario de le medaglie de più illustri et famosi huomini et donne..., con le lor vite in compendio raccolte. *Lione, G. Rovillio*, 1557, in-4, fig., parch.

691. L'Historia augusta da Giulio Cesare a Costantino il magno, illustrata con la verita dell' antiche medaglie, da Franc. Angeloni.... *Roma*, 1685, in-fol., fig., vél.

692. Osservazioni istoriche sopra alcuni medaglioni antichi da Filip. Buonarotti. *Roma*, 1698, in-4, fig., vél.

VIII. HISTOIRE DES SCIENCES, DES ARTS ET DES LETTRES.

693. Risorgimento d'Italia negli studj, nelle arti e ne' costumi dopo il mille, dell' ab. Sav. Bettinelli. *Bassano*, 1786, in-8, 3 vol., br. en cart.

694. Storia pittorica della Italia dell' ab. L. Lanzi. *Bassano*, 1795-96, gr. in-8, 3 vol. d.-rel.

695. Storia pittorica della Italia dal risorgimento delle belle arti fin presso al fine del XVIII secolo dell' ab. Luigi Lanzi, corretta ed accresciuta dall' autore. *Bassano*, 1809, gr. in-8, 6 vol., br. en cart.

696. Della pittura veneziana e delle opere pubbliche de' veneziani maestri libri V. *Venezia*, 1771, in-8, vél.

697. Discorso letto alla R. accademia fiorentina dall' ab. Dan. Francesconi, congettura che una lettera creduta di Baldessar Castiglione sia di Raffaello d'Urbino. *Firenze*, 1799, gr. in-8, br. — Dell' origine e de' progressi dell' instituto delle scienze di Bologna e di tutte le Academie ad esso unite. Operetta compilata da Gius. Gaet. Boletti. *Bologna*, 1763, in-8, br. en cart.

698. Storia dell' Accademia clementina di Bologna aggregata all' instituto delle scienze e dell' arti (da G.-P. Zanotti). *Bologna*, 1739, gr. in-4, 2 vol., d.-rel.

699. Regolamenti della R. Accademia di pittura e scultura di Torino. (*Torino*), stamp. r., 1778, pet. in-fol., br. en cart., rogné.

700. Considérations sur les révolutions des arts, par de Méhégan. *Paris*, 1755, in-12, v. m. — Tableau historique des sciences, des belles-lettres et des arts, dans la province de Picardie, par le P. Daire. *Paris*, 1768, in-12, v., fil.—Sur la situation des beaux-arts de France, par T.-C. Brun Neergaard. *Paris*, 1801, in-8, br. — Discours historiques sur la peinture moderne, par M. Eméric-David. *Paris*, 1812, in-8, br.

701. Establissement de l'Académie royale de peinture et de sculpture, par lettres-patentes vérifiées en parlement. *Paris*, 1664. = Plaidoyé pour Girard Vanopstal, un des recteurs de l'Ac. R. de la peinture et de la sculpture. *Paris*, 1668. = Oraison funèbre de P. Seguier, chancelier de France, par le P. Laisné. *Ibid.*, 1672, in-4, v. br. — Statuts, ordonnances et réglemens de la communauté des maistres ès-arts de peinture, sculpture et enluminure de Paris. *Paris*, 1682, in-8, v. br. — Description de l'Académie royale des arts de peinture et de sculpture, par Guerin. *Paris*, 1715, in-12, fig., v. br.

702. Etablissement de l'Académie royale de peinture et de sculpture. *Paris*, 1693, in-4, mar. r., fil. tr. dor. — Lettres-patentes du Roy qui approuvent et confirment les nouveaux statuts de la communauté et académie de Saint-Luc de peinture-sculpture de Paris. *Paris*, 1753, in-4, bas. m.

703. Conférences pour l'Académie royale de peinture et de sculpture, pour 1667, par Félibien. *Paris*, 1669, in-4, v. br. — Discours prononcez dans les conférences de l'Académie de sculpture, par Coypel. *Paris*, 1721, in-4, v. br.

704. Mémoire historique et littéraire sur le Collège royal de France, par Cl.-P. Goujet. *Paris*, 1758, in-12, 3 vol., v. m.

705. L'Etat des arts en Angleterre, par Rouquet. *Paris*, 1755, in-12, br. — Les Beaux-Arts en Angleterre..., trad. de l'angl. de Dallaway par M***; publié et augmenté de notes par A.-L. Millin. *Paris*, 1807, in-8, 2 vol., br.

706. Discours prononcés à l'Académie R. de peinture de Londres, par Jos. Reynolds, trad. de l'angl. *Paris*, 1787, in-8, 2 vol., br. en cart.

707. Saggio istorico su gli scaldi o antichi poeti scandinavi di Jac. Graberg di Hemso. *Pisa*, 1811, gr. in-8, pap. vél., d.-rel.
708. Histoire de l'origine et des premiers progrès de l'imprimerie (par Prosper Marchand). *La Haye*, 1740, in-4, v. f. — Histoire et procédés du polytypage et du stéréotypage, par A.-G. Camus. *Paris*, 1802, in-8, br.
709. Discorso sopra le vicende della letteratura dell' ab. Carlo Denina. *Napoli*, 1792, in-8, 2 vol., br. en cart.
710. Storia della letteratura italiana dell' ab. Girol. Tiraboschi, compendiata in lingua francese da Ant. Landi ed ora tradotta in lingua italiana da G.-A.-M. *Venezia*, 1801, in-8, 5 vol., br. en cart.
711. Della eloquenza italiana di Giusto Fontanini. *Roma*, 1736, in-4, vél. — Biblioteca italiana, o sia notizia de libri rari nella lingua italiana da N. Haym. *Venezia*, 1738, in-4. — Biblioteca degli autori antichi greci e latini volgarizzati, di Jac.-M. Paitoni (volgarizzamenti della S. Biblia, del Messale e del Breviario...). *Venezia*, 1774, in-4, d.-rel.
712. Biblioteca dell' eloquenza italiana di G. Fontanini, con le annotazioni di Apostolo Zeno. *Parma*, 1803 et 1804, in-4, 2 tom. en 1 vol., bas. m. — Indice generale, 1810, in-4, br.
713. Biblioteca italiana ossia notizia de' libri rari italiani, già compilata da Nic.-Franc. Haym. *Milano*, 1803, in-8, 4 vol., br. en cart.
714. La Libraria del Doni, nella quale sono scritti tutti gli autori volgari con cento discorsi sopra quelli, tutte le tradottioni fatte dall' altre lingue nella nostra... *Vinegia*, 1580. = La seconda libraria del Doni. *Vinegia*, 1551, pet. in-12, v. f., fil. — Minervalia Bonon. Civium anademata, seu Bibliotheca bononiensis, collectore J.-Ant. Bumaldo. *Bononiæ*, 1641, in-24, vél.
715. Dictionnaire bibliographique, historique et critique des livres rares, précieux, etc. *Paris, Cailleau*, 1790, 3 vol. — Supplément (par M. Brunet fils), 1802, 1 vol., les 4 vol. in-8, br.

IX. BIOGRAPHIE.

716. Nuovo dizionario istorico sulla settima edizione francese del 1789 tradotto in italiano, corretto ed arrichito

di molti articoli somministrati da letterati italiani.....
Bassano, 1796, in-8, 22 tom. en 11 vol., bas. fil.

717. Le Vite de gli illustri filosofi di Diogene Laertio dal gr. idiomate ridotte ne la lingua commune d'Italia. *Vinegia*, 1545. = G. Cec. cognominato poi Plinio secondo de gli huomini valorosi ed illustri, trad. di latino in lingua toscana da Paulo di Rosso. *Vinegia*, 1548, pet. in-8, vél.

718. Vite di Plutarcho, da Lod. Domenichi tradotte. *Vinegia*, 1555, pet. in-4, 2 vol., d.-rel.

719. Vidas de los Varones ilustres que escribio en latin Cornelio Nepote traducidas en nuestro idioma por D. Rodrigo de Oviedo. *Madrid, Marin*, 1774, pet. in-8, parch. — Della gente Curzia e dall' età di Q. Curzio l'istorico, raggionamento di G.-Fr.-G. Bagnolo. *Bologna*, 1741, in-8, bas. m.

720. Istoria della vita di M.-T. Cicerone scritta in ling. inglese da Conyers Middleton, trad. in ling. italiana. *Venezia, Pasquali*, 1744, pet. in-8, 5 vol., parch.

721. Vite de quatro huomini illustri, Farinata Uberti, Gualtieri duca d'Atene, Salvestro de' Medici e Cosimo il vecchio, da Silv. Razzi. *Firenze*, 1580, pet. in-8, vélin.

722. Elogii d'huomini litterati scritti da Lor. Crasso. *Venetia*, 1666, in-4, portr., 2 vol., vél.

723. Abrégé des vies des hommes illustres et grands capitaines, avec leurs fig. et représentations...., dessignez et gravez par Heince et Bignon, par de Vulson de la Colombiere. *Paris*, 1690, gr. in-fol., v. br.

724. Iconographie, ou Vies des hommes illustres du xviie. siècle, écrites par M. V***, avec les portraits peints par Ant. Van Dyck et gravés sous sa direction. *Amst*, 1769, in-fol., 2 vol., v. m., fil.

725. La Vita di Pietro Aretino da G.-M. Mazzuchelli. *Brescia*, 1763, pet. in-8, br. en cart. — Vita di Torq. Tasso scritta da G.-B. Manso march. Della Villa. *Roma*, 1634, pet. in-12, v. br. — Memorie aneddote spettanti alla vita ed agli studi di Paolo Servita, raccolte ed ordinate da Fr. Griselini. *Losanna*, 1760, in-8, br. en carton.

726. Vita di Vitt. Alfieri. *Firenze, Molini*, 1812, in-18, pap. vél., br. en cart. — Memorie aneddote per servire

un giorno alla vita di G.-B. Bodoni. *Parma*, 1804, in-8, br.

727. Joach. de Sandrart à Stockau academia nob. artis pictoriæ. *Noribergæ*, 1683, in-fol., fig., v. br.

728. Académie des sciences et des arts, contenant les vies et les éloges historiques des hommes illustres qui ont excellé en ces professions......, avec leurs portraits, par Isa. Bullart. *Bruxelles*, 1695, pet. in-fol., 2 vol., v. br.

729. Dictionnaire des artistes, par l'abbé de F. (Fontenay). *Paris*, 1776, pet. in-8, bas. rac., fil.

730. Bibliothèque de peinture, de sculpture et de gravure, par Christ.-Théoph. de Murr. *Francfort*, 1770, pet. in-8, 2 vol., v. m.

731. Le vite de' più eccellenti pittori, scultori et architetti di G. Vasari. *Bologna, heredi di Dozza*, 1647, in-4, fig., 3 vol., v. br.

732. Vite de più eccellenti pittori, scultori ed architetti da G. Vasari, arrichite di note oltre quelle dell' edizione di Roma. *Livorno*, 1767, e *Firenze*, 1772, gr. in-8, 7 vol., d.-rel., non rognés.

733. Vite de' più eccellenti pittori, scultori e architetti scritte da G. Vasari, arrichite di rame, di giunte e di correzioni per opera di Guglielmo della Valle. *Siena*, 1791-1794, gr. in-8, fig., 11 vol., br. en cart.

734. Le vite de' pittori, scultori et architetti dal 1572 al 1642, scritte da Gio. Baglione. *Roma*, 1642, in-4, v. br., fil.

Exemplaire de Mariette avec sa signature.

735. Le medesime. *Napoli*, 1738, in-4, br. en cart.

736. Vite de pittori, scultori et architetti dall' anno 1641 sino all' anno 1673. In-4, v. m., fil., tr. dor.

Ms. sur pap., d'une belle écriture italienne du XVIIe siècle. Sur un des bords de la draperie du frontispice, dessiné à la plume, on lit : Agostino Ratta (ou Ratta) fece.

737. Vite de pittori, scultori ed architetti moderni, scritte da Lione Pascoli. *Roma*, 1730 et 1736, 2 vol. — Vite de' pittori, scultori ed architetti perugini scritte da L. Pascoli. *Roma*, 1732, 1 vol., les 3 vol. in-4, v. f., fil.

738. Serie degli uomini i più illustri nella pittura, scultura, e architettura, con i loro elogi, e ritratti, checo-

minciano dalla sua prima ristaurazione fino ai tempi presenti. *Firenze*, 1769-1775, in-4, 12 tom. en 4 vol., d.-rel. — Supplimento alla serie dei trecento elogi e ritratti degli uomini i più illustri in pittura, scultura e architettura, o sia Abecedario pittorico dall' origine delle belle arti a tutto l'anno 1775. In-4, 1 tom. en 3 vol., d.-rel.

<small>Entre chaque feuillet, il y a du papier blanc portant des notes de la main de M. Morel Darleux, et à la suite une table des auteurs dont il n'est pas fait mention dans l'Abcecedario.</small>

739. Abecedario pittorico del Pellegrino Ant. Orlandi, contenente le notizie de' professori di pittura, scoltura ed architettura, accresciuto da P. Guarienti. *Venezia*, 1753, in-4, v. m.

740. Le vite de' pittori, scultori et architetti moderni, scritte da G.-P. Bellori: parte prima. *Roma*, 1672, in-4, fig., v. br. (*Rare*).

741. Vite de' pittori scultori ed architetti che anno lavorato in Roma, morti dal 1641 sino al 1673, di G.-B. Passeri. *Roma*, 1772, gr. in-4, d.-rel.

742. Le vite de pittori, scultori et architetti Genovesi...., opera postuma di Raf. Soprani. *Genova*, 1674, in-4, fig., br. en cart. — Raccolta de' pittori, scultori et architetti modonesi più celebri, cavata da vari autori per D.-Lod. Vedriani da Modona. *Modona*, 1662, pet. in-4, br. en carton.

743. Vite de' pittori, scultori ed architetti Genovesi, di Raf. Soprani, accresciuta di note da Carlo.-G. Ratti. *Genova*, 1768, in-4, gr. pap., portraits, 2 vol., bas. m.

744. Notizie de' pittori, scultori, incisori e architetti natii degli stati del duca di Modena, con una appendice de' professori di musica, raccolte e ordinate da Gir. Tiraboschi. *Modena*, 1786, in-4, br. en cart.

745. Vite de' pittori, scultori ed architetti napoletani, scritte da Bernardo de Dominici. *Napoli*, 1742, in-4, 2 vol., v. f.

746. Diccionario historico de los mas illustres profesores de las bellas artes en España, compuesto por D. J.-Ag. Cean Bermudez, y publicado por la R. Academia de S.-Fernando. *Madrid*, 1800, in-12, 6 vol., bas. rac.

747. Histoire abrégée des plus fameux peintres, sculp-

teurs et architectes espagnols....., trad. de l'espagnol de D. Ant. Palomino Velasco. *Paris*, 1749, in-12, 2 tom. en 1 vol., v. m.

748. Cominciamento e progresso dell'arte dell'intagliare in rame colle vite di molti de' più eccellenti maestri della stessa professione, opera di Fil. Baldinucci. *Firenze*, 1686, 1 vol. — Vocabolario toscano dell'arte del disegno, opera di Fil. Baldinucci. *Firenze*, 1681, 1 vol. — Notizie de' professori del disegno da Cimabue in quà (1670), opera di Fil. Baldinucci. *Firenze*, 1681, 1686, 1688, 1702 et 1728, 6 tom. en 5 vol., les 7 vol. in-4, vél.

749. Notizie de' professori del disegno da Cimabue in quà, opera di Filip. Baldinucci, con varie dissertazioni, note, ed aggiunte da Gius. Placenza. *Torino*, 1768 et 1770, in-4, br. en cart. (*Tom.* 1 et 2.)

750. Vite dei pittori antichi greci e latini compilate dal P. Guglielmo della Valle. *Siena*, 1795, pet. in-4, fig., v. rac., fil.

751. Entretiens sur les vies et sur les ouvrages des plus excellens peintres anciens et modernes, par Félibien. *Paris*, 1696, 2 vol. — Recueil historique de la vie et des ouvrages des plus célèbres architectes (par le même). *Paris*, 1687, 1 vol., les 3 vol. in-4, v. br.

752. Abrégé de la vie des peintres, par de Piles. *Paris*, 1715, in-12, v. br.

753. Abrégé de la vie des plus fameux peintres, avec leurs portraits, les indications de leurs ouvrages...., par M*** (Dezallier d'Argenville). *Paris*, 1762, in-8, 4 vol., v. éc., fil., tr. dor.

754. Abrégé de la vie des peintres, par d'Argenville (Papillon de la Ferté), avec la notice de leurs ouvrages. *Paris*, l'an IV, in-8, 2 vol., d.-rel.

755. Ritratti di alcuni celebri pittori del secolo XVII, disegnati ed intagliati in rame da Ottavio Lioni... *Roma*, 1731, in-4, v. br.

756. Vies des premiers peintres du roi, depuis Lebrun jusqu'à présent, par Lépicé. *Paris*, 1752, pet. in-8, 2 tom. en 1 vol., v. m. (*Avec notes manuscrites.*)

756. bis. Le Maraviglie dell'arte, overo le vite de gl'illustri pittori veneti e dello stato, da Carlo Ridolfi. *Venetia*, 1648, in-4, portr., 2 part. en 1 vol., mar. r., à compart., tr. dor.

757. Felsina pittrice, vite de pittori bolognesi da C.-C. Malvasia. *Bologna*, 1778, pet. in-4, 2 vol., d.-rel. — Vite de' pittori bolognesi non descritte nella Felsina pittrice, da Nic.-Can. Crespi. *Roma*, 1769, in-4, bas. m.
758. Vite dei pittori Vecellj di Cadore libri IV, di Stef. Ticozzi. *Milano*, 1817, gr. in-8, br.
759. Las Vidas de los pintores y estatuarios eminentes espanoles, y de aquellos estrangeros que han concurrido en estas provincias y las han enriquecido con sus obras, por D.-Ant. Palomino Velasco. *Londres*, 1742, in-8, br. en cart.
760. Dictionnaire des peintres espagnols, par Quilliet. *Paris*, 1805, in-8, br.
761. Les Vies des peintres flamands, allemands et hollandais, par J.-B. Descamps. *Paris*, 1753-1763, avec portraits, 4 vol. — Voyage pittoresque de la Flandre et du Brabant, avec des réflexions relatives aux arts et quelques gravures par le même. *Paris*, 1769, 1 vol., les 5 vol. in-8, v. éc., fil.
762. Vita di Michelagnolo Buonarroti, da Ascanio Condivi. *Firenze*, 1746, pet. in-fol., br. en cart.
763. Vie de Mich.-A. Buonarroti, par l'abbé Hauchecorne. *Paris*, 1783, in-12, v. m.
764. Recherche curieuse de la vie de Raphaël Sansio d'Urbin, de ses œuvres, peintures et stampes (*sic*) qui ont été gravées en taille-douce par Marc-Antoine Bolognois et autres..., décrite par G. Vasary, et un recueil des plus beaux tableaux, architectures et sculptures... de Lyon, le tout recueilli par de Bombourg. *Lyon*, 1709, pet. in-12, v. br.
765. Histoire de la vie et des ouvrages de Raphaël, par M. Quatremère de Quincy. *Paris*, 1824, in-8, pap. vél., br.
766. Vita di Carlo Maratti pittore, scritta da G.-P. Bellori. *Roma*, 1732, in-4, br.
767. Vie de P. Mignard, par l'ab. de Monville, avec le poëme de Molière sur les peintures du Val-de-Grâce, et deux dialogues de Fénélon sur la peinture. *Paris*, 1730, in-12, bas. m.
768. Elogio storico del cav. Ant. Raffaele Mengs, con un catalogo delle opere da esso fatte. *Milano*, 1780. = Idea della perfezione della pittura di Rolando Freart, trad. dal

francese da Ant. Mar. Salvini, e pubbl. da Domenico Moreni, con una dissertazione apologetica di Michelangelo Buonarroti, scritta da Onofrio Boni. *Firenze*, 1809, in-8, bas., rac.

769. Vita di Angelica Kauffmann pittrice, scritta dal cav. Giov.-Gher. de Rossi. *Firenze*, 1810, gr. in-8, pap. vél., br. en cart.

770. Dictionnaire des graveurs anciens et modernes depuis l'origine de la gravure, avec une notice de leurs principales estampes, par Basan. *Paris*, 1767, in-12, 3 vol., v. m., fil.

771. Dictionnaire des graveurs anciens et modernes, par Basan. *Paris*, 1789, in-8, fig., 2 vol., bas. j.

772. Notizie istoriche degl' intagliatori, opera di G.-Gori Gandellini. *Siena*, 1771, in-8, 3 vol., rel. en cart.

773. Notices des graveurs, divisés par nations, et des peintres, rangés par écoles, précédées d'une histoire de la gravure et de la peinture...., par Huber. *Dresde*, 1787, in-8, d.-rel.

774. Vies des fameux sculpteurs et architectes, depuis la renaissance des arts, avec la description de leurs ouvrages, par M. D***. (Dezallier d'Argenville). *Paris*, 1791, in-8, 2 vol., d.-rel.

775. Vite' dei piu celebri architetti, e scultori veneziani che fiorirono nel secolo XVI, scritte da Tomm. Temanza. *Venezia*, 1778, gr. in-4, br. en cart.

776. Le vite de' piu celebri architetti d'ogni nazione e d'ogni tempo precedute da un saggio sopra l'architettura. *Roma*, 1768, in-4, fig., d.-rel.

777. Memorie degli architetti antichi e moderni da Fr. Milizia. *Bassano*, 1785, in-8, 2 vol., br. en cart.

778. Vita di Jacopo Sansovino, scultore et architetto scritta da Tom. Temanza. *Venezia*, 1752, in-4, br.

779. Vita di Benvenuto Cellini orefice e scultore fiorentino da lui medesimo scritta. *Milano*, 1805, pet. in-4, 2 vol., br. en cart.

---

780. Parnasso italiano. *Venezia*, 1784-1791, pet. in-8, 56 vol., br. en cart.

781. Les parties suivantes de la collection des auteurs

italiens, imprimés par la société typographique de Milan, en 1804, *et années suiv.*, in-8.

Opere burlesche di Franc. Berni, 1 vol. — Lo Scherno degli Dei, di Bracciolini, 1 vol. — Le Lettere di Ann. Caro, tom. 1 à 6. — Opere della Casa, 4 vol. — Le sei giornate di Sebast. Erizzo, 1 vol. — Il Pecorone di Giov. Fiorentino, 2 vol. — Opere di Giov. Batt. Gelli, 4 vol. — Il Pastor fido, di G. Batt. Guarini, 1 vol. — Il Malmantile raquistato di Lor. Lippi, 1 vol. — Le Stauze e l'Orfeo di Angelo Poliziano, 1 vol. — Il Morgante maggiore di Pulci, 3 vol. — Raccolta de' migliori satirici, 1 vol. — Libro di Novelle con note di Giul. Ferrario, 3 vol. — Raccolta di pastorali e rusticali, 1 vol. — Avvertimenti della lingua, ecc. di Lion. Salviani, 5 vol. — Storie fiorentine, di Bern. Segni, 3 vol. — La Secchia rapita, di Aless. Tassoni, 1 vol. — Teatro scelto d'ogni secolo, 10 vol. — L'Ercolano di Bened. Varchi, 2 vol. — Istorie fiorentine di Giov. Villani, 8 vol.; en tout 59 vol. tant reliés que brochés.

Cet article pourra être divisé.

782. Horatii Fla Carmina. *Parisiis, Didot natu major,* 1799. gr. in-fol., pap. vél., fig., br. en cart.

783. Taciti Annales. *Parmæ, Bodoni,* 1795, in-4, 3 vol., br. en cart.

784. Gerusalemme liberata, di Torquato Tasso. *Parma, Bodoni,* 1794, gr. in-4, br. en cart.

785. OEuvres complètes de Molière, ornées de trente vignettes dessinées par Deveria et gravées (sur bois) par Thompson. *Paris, Impr. de Rignoux,* 1826. = OEuvres complètes de La Fontaine, ornées de trente vignettes dessinées par Deveria et gravées par Thompson. *Paris, Impr. de Rignoux,* 1826, gr. in-8, d.-rel., dos de mar. r., v. fil., non rogné.

_{L'un des 6 exempl. tirés sur pap. de Chine. Chef-d'œuvre de typographie.}

786. Recueil et parallèle des édifices de tous genres, anciens et modernes, remarquables par leur beauté, leur grandeur.... dessinés sur une même échelle, par M. Durand. *Paris,* an IX, in-fol. atlant. obl., en feuilles.

787. 222 Planches des grands prix d'architecture, publiées par Detournelle et par MM. Vaudoyer et Baltard, in-fol.

788. Recueil d'observations astronomiques, d'opérations trigonométriques et de mesures barométriques, faites pendant le cours d'un voyage aux régions équinoxiales du nouveau Continent, par Alexandre de Humboldt, rédigées et calculées par Jabbo Oltmanns. *Paris,* 1810, in-4, pap. fin, fig., 2 vol. pliés.

789. Monumens anciens et modernes de l'Hindoustan, décrits sous le double rapport archéologique et pittores-

que, et précédés d'une Notice géographique, d'une Notice historique et d'un Discours sur la religion, la législation et les mœurs des Hindous, par Langlès. *Paris*, 1821, in-fol., fig., 2 vol. en cahiers.

790. Les Peuples de la Russie, ou Description des mœurs, usages et costumes des différentes nations de l'empire de Russie, accompagnée de fig. coloriées (par le comte de Rechberg). *Paris*, 1812 et 1813, gr. in-fol., pap. vél., 2 vol. en livraisons.

791. Cours historique et élémentaire de peinture, ou Galerie complète du Musée Napoléon, publiée par Filhol, et rédigée par Jos. Lavallée. *Paris*, 1804-1815, gr. in-8, 10 vol.; le 1er. rel., le surplus en cahiers.

792. Tableaux, statues, bas-reliefs et camées de la galerie de Florence et du palais Pitti, dessinés par Wicar et gravés sous la direction de Masquelier, avec les explications par Mongez. *Paris, Lacombe*, 1789 et années suiv., gr. in-fol., pap. vél., 50 livraisons.

Bel exempl. dont les fig. sont tirées sur papier de Chine.

NOTICE

DES ANTIQUITÉS ENVOYÉES D'ATHÈNES,

Par M. le Chevalier FAUVEL,

CONSUL DE FRANCE AU LEVANT.

Vases en ~~terre cuite (1).~~

1. *Balsamario*, peinture de vieux style. — Neptune, le trident à la main, et monté sur un hippocampe ailé, poursuivant Cérès, ou peut-être une des nymphes de la mer (2) : derrière le dieu est figurée une femme qui fuit.
2. Même forme, même style. — Minerve armée de l'Ægide, combattant deux géans.
3. Même forme, même style. — Une femme (peut-être Minerve) conduisant un quadrige (3).
4. Même forme, même style. — Une femme sur un quadrige devant lequel est un homme debout; près des chevaux sont deux autres femmes, dont l'une pince de la lyre.
5. Même forme, même style. — Une femme conduisant un quadrige : devant la tête des chevaux est une femme assise; près du char se voit une autre figure debout.
6. Même forme, même style. — Sujet à-peu-près semblable au précédent.
7. Même forme, même style. — Une femme conduisant un quadrige et précédée d'un oiseau; près du char sont

---

(1) La plupart des vases qui composent cette collection sont brisés, et quelques-uns d'entre eux sont incomplets.

(2) Le même dieu, monté sur un hippocampe, est représenté sur une pierre gravée, publiée par Gorlœus. *Voy.* Dactyliothecæ. Pars II, n°. 34.

(3) Selon une tradition athénienne, Minerve passait pour l'inventrice des chars.

deux guerriers armés de toutes pièces, et une inscription qui nous paraît être illisible.
8. Même forme, même style. — Bacchus barbu, marchant accompagné de deux Satyres.
9. Même forme, même style. — Bacchus barbu, tenant un *rhyton* et accompagné de deux Satyres.
10. Forme d'*unguentario*, même style. — Marche de trois suivans de Bacchus, dont l'un pince de la lyre.
11. Même forme, même style. — Bacchus barbu, assis entre deux Mænades qui dansent.
12. *Balsamario*, même style. — Deux Silènes et un homme couché sur un lit.
13. Même forme, même style. — Hercule agenouillé, étouffant le lion de Némée : derrière ce groupe est Minerve armée ; en avant se voit une figure dont les attributs sont à-peu-près détruits.
14. Même forme, même style. — Hercule étouffant le lion de Némée : aux extrémités de la composition sont placées deux figures armées de massues.
15. Même forme, même style. — Hercule levant (ou abaissant) le couvercle d'un grand vase à demi enfoncé dans la terre : près de lui deux Centaures. Ce sujet curieux paraît se rattacher à la visite que le demi-dieu rendit à Pholus, et qui commença la guerre d'extermination qu'il fit ensuite à la race des Centaures (1).
16. Même forme, même style. — Hercule couvert de la peau du lion, combattant un guerrier armé de toutes pièces : aux extrémités de la composition sont placés deux cavaliers dont les têtes sont casquées.
17. Même forme, même style. — Hercule combattant trois guerriers.
18. Même forme, même style. — Hercule domptant le taureau de Crète.
19. Même forme, même style. — Un homme vêtu d'une tunique, combattant un Centaure ; derrière ce dernier est représentée une femme qui fuit.
20. Même forme, même style. — Combat de deux guerriers : en arrière de ces figures sont deux personnages tenant des lances ou des sceptres.
21. Même forme, même style. — Combat de deux guer-

---

(1) Apollodore II, c. v, § 4.

niers; derrière eux sont placées deux figures vêtues de long.

22. Même forme, même style. — Quatre figures debout et armées de lances : au milieu d'elles est un guerrier casqué, dont le bouclier est orné d'un Dauphin.

23. Même forme, même style. — Quatre figures debout et armées de lances : au milieu d'elles est peint un guerrier dont le bouclier porte un attribut assez peu reconnaissable.

24. Même forme, même style. — Quatre guerriers coiffés de tiares et armés de carquois, conduisant deux chevaux.

25. Même forme, même style. — Quatre Canéphores portant des cistes sur la tête.

26. Même forme, beau style. — Oreste et Electre au tombeau d'Agamemnon : figures au trait couleur de bistre ; fond blanc et parties rehaussées de rouge.

27. Même forme, même style. — Le même sujet.

28. Même forme, ancien style. — Un homme barbu conduisant un quadrige ; devant le char est peint Mercure barbu.

29. Même forme, même style. — Un homme pinçant de la lyre, et une femme assise sur un lit ; sur les côtés deux cavaliers.

30. Même forme, même style. — Un homme à demi-couché sur un lit, et entouré de trois figures vêtues de long.

31. Même forme, même style. — Un homme conduisant un bige.

32. Même forme, même style. — Un homme conduisant un quadrige.

33. Même forme, même style. — Une femme debout entre deux femmes assises ; entre elles sont placés deux grands paniers.

34. Forme de coupe, même style. — Son intérieur est décoré d'animaux peints en blanc sur fond noir.

35. Forme de canthare, beau style. — Peinture représentant quelques figures assez mal conservées.

36. Terre jaune. — Vase, sur lequel sont peints des ornemens ; sur son col et son piédouche se voient des cigognes et des canards.

37. Formes diverses. — Onze vases et coupes avec ou sans ornemens.

38. Débris de vases d'ancien et de beau style.

Objets divers.

39. Bronze. — Partie supérieure et couvercle d'un grand cratère.
40. Bronze. — Deux poignées ou anses qui ont pu faire partie d'un vase.
41. Terre cuite. — Figurine représentant Mercure debout, vêtu d'une chlamyde, la tête couverte d'un pétase de forme conique, et tenant devant lui son caducée.
42. Albâtre calcaire. — Cinq alabastrites dont l'un est brisé.
43. Terre cuite. — Un autre vase de même forme.
44. Verre coloré. — Autre vase de même forme et décoré de lignes brisées se détachant sur fond bleu.
45. Terre cuite. — Figurine représentant une femme assise.
46. Un débris d'ossement et quelques lambeaux de tissus.

L.-J.-J. Dubois.

ORDRE DES VACATIONS.

1ᵉ. vacation, Mardi 29 Janvier 1828.

Les nᵒˢ. 1— 35
316—340
574—594
781

2ᵉ. vacation, Mercredi 30.

36— 70
341—369
595—622

3ᵉ. vacation, Jeudi 31.

71—108
370—399
623—645
780

4ᵉ. vacation, Vendredi 1ᵉʳ. février.

400—426
109—141
729 753

5ᵉ. vacation, Samedi 2.

427—455
700—728
142—176

6ᵉ. vacation, Lundi 4.

456—483
646—671
177—216

7ᵉ. vacation, Mardi 5.

484—511
672—699
217—252

8ᵉ. vacation, Mercredi 6.

512—537
253—291
754—769
791—792

9ᵉ. vacation, Jeudi 7.

538—573
292—315
770—779
782—790

10ᵉ. et dernière vacation, Vendredi 8, à midi.

Les Antiquités envoyées d'Athènes.

ON TROUVE CHEZ MERLIN, LIBRAIRE,

RECHERCHES SUR LE CULTE DE BACCHUS, Symbole de la force reproductive de la nature; par M. *Rolle*. Paris, 1824, in-8, 3 vol.. 21 fr.

MOEURS, INSTITUTIONS ET CÉRÉMONIES DES PEUPLES DE L'INDE; par M. l'abbé *J.-A. Dubois*, ci-devant missionnaire dans le Meissour, etc. Paris, I. R., 1825, in-8, 2 vol..................... 14 fr.

LE PANTCHA-TANTRA, OU LES CINQ RUSES, fables du brahme *Vichnou Sarma*; Aventures de Paramarta, et autres contes; le tout trad. pour la première fois sur les originaux indiens; par M. l'abbé *Dubois*. Paris, 1826, in-8.. 6 fr.

COLLECTION DES ROMANS GRECS, trad. en français avec des notes, par MM. *Courier*, *Larcher* et autres hellénistes; précédée d'un essai littéraire sur les romans grecs, par M. *Villemain*, de l'Académie française, in-16, 15 vol., de l'impr. de *J. Didot*, avec figures gravées sur les dessins de MM. *Heym*, *De Juinne*, *Abel de Pujol*, etc.

   Prix des 10 vol. en vente, formant les 5 premières livraisons :
     Carré fin des Vosges, satiné........................ 35 fr.
     Carré vélin d'Annonay, satiné, fig. avant les n^{os}...... 60
     Grand papier vélin d'Angoulême, fig. avant la lettre..... 120
La sixième livraison est sous presse.

LA LUCIADE, ou l'Ane de Lucius de Patras, avec le texte grec, revu sur plusieurs manuscrits (par *P.-L. Courier*). Paris, 1818, in-12, 1 vol... 6 fr.

ORTHOPHONIE GRECQUE, ou Traité de l'accentuation et de la quantité syllabique; par *C. Minoïde-Mynas*. Paris, 1824, in-8.. 3 fr.

SATIRES DE JUVÉNAL, trad. par *Dusaulx*. Paris, Crapelet, 1803, in-8°, gr. pap. vél., portr. avant la lettre, 2 vol............ 25 fr.

CONCIONES FRANÇAIS, ou Choix de discours français, à l'imitation du Conciones latin; par *A.-F. Théry*, officier de l'Université, censeur des études au Collège royal de Versailles. Seconde édition, revue et corrigée. *Ouvrage approuvé par le Conseil royal de l'instruction publique*, et admis pour les bibliothèques des collèges. Paris, 1826, in-12, 1 vol.. 3 fr.

MÉMOIRES POUR SERVIR A L'HISTOIRE CIVILE, POLITIQUE ET LITTÉRAIRE, à la géographie et à la statistique du département de la Nièvre; par M. *J.-H. Née de la Rochelle*. Bourges et Paris, 1827, in-8, 3 vol. br... 18 fr.

LETTRE SUR LA DÉCOUVERTE DES HIÉROGLYPHES ACROLOGIQUES, adressée à M. de Goulianoff, de l'Académie russe; par M. *J. Klaproth*, 1827, gr. in-8.

SECONDE LETTRE SUR LES HIÉROGLYPHES, par le même, 1827, gr. in-8.

   Chaque Lettre séparément................................ 2 fr. 50 c.

HISTOIRE NUMISMATIQUE DE LA RÉVOLUTION FRANÇAISE, ou Description raisonnée des médailles, monnaies et autres monumens numismatiques relatifs aux affaires de la France, depuis l'ouverture des États-Généraux jusqu'à l'établissement du Gouvernement consulaire; par M. *H....* Paris, 1826, 1 vol. gr. in-4, avec 100 planches, contenant toutes les pièces décrites...................................... 120 fr.
    Papier vélin.. 240

ESSAI SUR LES NIELLES, graveurs florentins du XVe siècle; par M. *Duchesne aîné*. Paris, 1826, in-8, avec 8 figures............ 15 fr.

VOYAGES DANS LES DÉPARTEMENS DU MIDI DE LA FRANCE; par *A.-L. Millin*, membre de l'Institut, etc. Paris, I. I., 1807—1811, in-8, 4 tom. en 5 vol., avec atlas gr. in-4, contenant 80 planches dont plusieurs coloriées.. 72 fr.

ANTIQUITÉS NATIONALES, ou recueil de monumens pour servir à l'histoire de l'Empire françois, tels que tombeaux, statues, vitraux, etc., par *Millin*. Paris, 1791. In-fol., pap. vél., fig., 5 vol. . . . . 100 fr.

HISTOIRE DES AVENTURIERS FLIBUSTIERS qui se sont signalés dans les Indes, par *Oexmelin* et *Raveneau de Lussan*, et HISTOIRE DES PIRATES ANGLAIS, par *Johnson*. 1785. In-12, fig.; 4 vol. . . . . . . 19 fr.

DICTIONNAIRE TARTARE-MANTCHOU-FRANÇOIS, composé d'après un Dictionnaire mantchou-chinois, par le P. *Amiot*, rédigé et publié avec des additions et l'alphabet de cette langue, par *Langlès*. Paris, *Didot aîné*, 1789 et 1790, in-4, 3 vol. . . . . 40 fr.

AVENTURES DE TÉLÉMAQUE PAR FÉNÉLON. Paris, Imprimerie de Monsieur, 1785. Gr. in-4°, pap. vél., 2 vol., fig. de Moitte. . . 36 fr.

LA CHEZONOMIE, ou l'art de ch..., poëme, par Ch. R. *Scoropolis* et *Puris*, 1806, in-12 . . . . 2 fr. 50 c.
Il reste encore quelques exemplaires sur papier vélin.

THÉORIE DES SENTIMENS AGRÉABLES, par Lévesque de Pouilly. Paris, 1774, petit in-8, avec figures. . . . . 3 fr.

LIVRE DES MÈRES ET DES NOURRICES, ou Instruction pratique sur la conservation des enfans, par M. *Salmade*. Paris, 1801. In-12, 2 fr.

EXPOSITION DU SYSTÈME NATUREL DES NERFS DU CORPS HUMAIN, suivie des Mémoires sur le même sujet, lus devant la Société royale de Londres; par M. *Ch. Bell*. Traduite de l'anglais par J. *Geneis*, avec des observations inédites et un nouveau mémoire envoyés par l'auteur. 1825, in-8 . . . . 6 fr.

DICTIONNAIRE UNIVERSEL DE BOTANIQUE ET DE PHYSIQUE VÉGÉTALE, par *Philibert*. Paris, 1804, in-8, fig., 3 vol. . . . 19 fr. 50 c.

HISTOIRE DES PLANTES DE LA GUIANE FRANÇAISE, par *Fusée Aublet*. In-4, avec près de 400 planches. 4 vol. . . . . 30 fr.

ANALYSE DE LA BEAUTÉ, trad. de l'angl. de *Hogarth* par *Jansen*. Paris, 1805. In-8, 2 vol., avec 2 grandes planches. . . . . . . 12 fr.

www.ingramcontent.com/pod-product-compliance
Lightning Source LLC
LaVergne TN
LVHW050558090426
835512LV00008B/1225